中学班级心理团体活动142

—— 为学生创造积极的心灵成长体验

袁章奎 / 主编

中国轻工业出版社

图书在版编目(CIP)数据

中学班级心理团体活动142：为学生创造积极的心灵成长体验/袁章奎主编. —北京：中国轻工业出版社，2013.7（2023.8重印）

ISBN 978-7-5019-9295-9

Ⅰ.①中… Ⅱ.①袁… Ⅲ.①中学生－心理健康－健康教育 Ⅳ.①G479

中国版本图书馆CIP数据核字（2013）第113367号

保留所有权利。非经中国轻工业出版社"万千教育"书面授权，任何人不得以任何方式（包括但不限于电子、机械、手工或其他尚未被发明或应用的技术手段）复印、拍照、扫描、录音、朗读、存储、发表本书中任何部分或本书全部内容。中国轻工业出版社"万千教育"未授权任何机构提供源自本书内容的电子文件阅览、收听或下载服务。如有此类非法行为，查实必究。

责任编辑：陈　珵
策划编辑：阎　兰　　责任终审：杜文勇
责任校对：刘志颖　　责任监印：吴维斌

出版发行：中国轻工业出版社（北京东长安街6号，邮编：100740）
印　　刷：三河市鑫金马印装有限公司
经　　销：各地新华书店
版　　次：2023年8月第1版第10次印刷
开　　本：710×1000　1/16　印张：19.5　插页：16
字　　数：147千字
书　　号：ISBN 978-7-5019-9295-9　定价：48.00元
读者热线：010-65181109，65262933
发行电话：010-85119832　传真：010-85113293
网　　址：http://www.chlip.com.cn　http://www.wqedu.com
电子信箱：1012305542@qq.com

如发现图书残缺请与我社联系调换

130550Y2X101ZBW

彩图目录

活动设计【1】超级进化论 …………………………………… 彩图 2
活动设计【3】大树与松鼠 …………………………………… 彩图 4
活动设计【4】大一小西瓜 …………………………………… 彩图 5
活动设计【8】快乐抓快乐 …………………………………… 彩图 6
活动设计【20】掌声响起来 …………………………………… 彩图 6
活动设计【21】穿越生死网 …………………………………… 彩图 7
活动设计【31】打开千千结 …………………………………… 彩图 9
活动设计【36】风中显劲草 …………………………………… 彩图 9
活动设计【45】蜈蚣大翻身 …………………………………… 彩图 10
活动设计【47】一起找朋友 …………………………………… 彩图 11
活动设计【55】神奇漂流纸 …………………………………… 彩图 12
活动设计【59】我选我喜欢 …………………………………… 彩图 13
活动设计【67】盲人一起走 …………………………………… 彩图 14
活动设计【69】能量传送带 …………………………………… 彩图 15
活动设计【70】一起坐人椅 …………………………………… 彩图 16
活动设计【72】坐地与起身 …………………………………… 彩图 16
活动设计【79】新流言蜚语 …………………………………… 彩图 17
活动设计【83】超级比长短 …………………………………… 彩图 18
活动设计【85】请给我留言 …………………………………… 彩图 19
活动设计【88】穿越障碍线 …………………………………… 彩图 20
活动设计【91】自信拍拍手 …………………………………… 彩图 21
活动设计【111】穿越一张纸 …………………………………… 彩图 22
活动设计【112】创意结绳网 …………………………………… 彩图 23
活动设计【113】创意时装秀 …………………………………… 彩图 25
活动设计【116】驿站传密信 …………………………………… 彩图 25
活动设计【131】我有我风采 …………………………………… 彩图 27
活动设计【136】拍掌定目标 …………………………………… 彩图 28
活动设计【137】巧妙穿针线 …………………………………… 彩图 29
活动设计【138】十年后的我 …………………………………… 彩图 29

活动设计【1】超级进化论

◀ 图1　两颗蛋在猜拳

图2　两只乌龟在猜拳 ▶

◀ 图3　两只猩猩在猜拳

一步增强,反之长期处于边缘化或不被认可时则可能对群体产生疏离感。要重视对学生朋辈群体中的"核心人物"的教育引导,培养"核心人物"的责任感和示范力,发挥正向的引导作用,凝聚人心,把握正确的舆论导向。同时,要创设跨年级对话与合作平台,高年级学长的分享,对低年级学生快速适应学院培养要求、了解学院文化、提高学习效率有较好的引领和示范作用。

另外,据调研结果显示,导师与学生的互动是影响至善生满意度的重要因素。因为导师与学生的交流直接影响学生的学习投入,带来学生的能力发展、视野拓宽,进而促进学生自我效能感增加;同时,导师对学生在课题项目上的指导有效成为师生学习共同体的纽带,这个共同体既满足了学生对学业指导的需求,也满足了个体社交互动的需求,学业和人际需求的双重满足可促进支持感和归属感生成。要重视导师和班主任队伍建设,为师生互动提供便捷而有效的平台,在教学设计上更强调互动实践,在管理服务上更注重体验参与,及时帮助学生解决问题。

【参考文献】

[1] 赵菊珊,董甲庆.高校拔尖人才小班化培养模式探析——以武汉大学弘毅学堂为例[J].高等理科教育,2020(6):107-112.

[2] 阎琨.中国大学拔尖人才培养项目内部冲突实证研究[J].清华大学教育研究,2018(10):63-74.

[3] 阎琨,吴菡.拔尖人才培养的国际趋势及其对我国的启示[J].教育研究,2020(6):78-91.

[4] 吴明隆.SPSS统计应用实务[M].北京:中国铁道出版社,2000.

[5] 郭志刚.社会统计分析方法 SPSS软件应用[M].北京:中国人民大学出版社,1999.

[6] CRONBACH L J. Coefficient alpha and the internal structure of tests [J]. psychometrika, 1951, 16(3):297-334.

[7] 张强,徐孝刚.基础学科拔尖培养计划学生德育现状调查研究[J].山东师范大学学报(自然科学版),2021(6):188-192.

[8] 钱再见.荣誉学院拔尖创新人才培养的理念、困境和路径——以荣誉

教育为视角[J].南京师大学报（社会科学版），2017（1）:65-74.

[9] Finn J D. Withdrawing from School[J].Review of Educational Research, 1989（02）:84-86.

[10] 袁建林,张亮亮.教育教学中的互动何以影响大学生能力发展——院校归属感的中介作用分析[J].大学教育科学，2020（7）: 105-112.

[11] 王洪才.拔尖创新人才培养：理论、实践与挑战[J].教育学术月刊，2016（12）: 3-10.

[12] 朱友林,曹文华."三化、三制、三融合"拔尖创新人才培养模式的改革与实践[J].中国高等教育，2018（9）: 36-38.

[13] 叶俊飞.从少年班基地班到拔尖计划的实施——35年来我国基础学科拔尖人才培养的回溯与前瞻[J].中国高等教育研究，2014（4）:13-19.

[14] 吕成祯.我国荣誉教育的缘起、选拔培养机制与现实诉求[J].教育探索，2018（2）:66-70.

[15] 张建林.模式优化：36年来本科拔尖创新人才培养工作改革与发展的轴心线[J].教育研究，2015（10）:18-22.

[16] 闫广芬,尚宇菲."新工科"背景下拔尖人才培养模式的审思——基于精英学院学生身份认同的质性研究[J].天津大学学报（社会科学版），2020（3）:206-213.

[17] 陆一,史静寰,何雪冰.封闭与开放之间：中国特色大学拔尖创新人才培养模式分类体系与特征研究[J].教育研究，2018（3）:46-54.

图 4　第一个人类诞生了

图 5　全班一起进化

活动设计【3】大树与松鼠

图1 一只"松鼠"找到了自己的"大树"

图2 所有"大树"和"松鼠"都各有所归

图3 "大树"开始离开自己的"松鼠"寻找下一只"松鼠"

彩图4

活动设计【4】 大—小西瓜

图1 小西瓜

图2 大西瓜

活动设计【8】快乐抓快乐

图1 学生在玩紧张而快乐的抓手游戏

活动设计【20】掌声响起来

图1 学生在预习如何击掌最快

图2 在测试击掌中的学生们

图3 某位同学的击掌记录数据

活动设计【21】穿越生死网

图1 学生讨论穿越技巧

◀◀ 图 2　第一位从最底下的网里穿过

图 3　大家一起帮助一位同学穿越 ▶▶

◀◀ 图 4　又成功穿越一位同学

彩图 8

活动设计【31】打开千千结

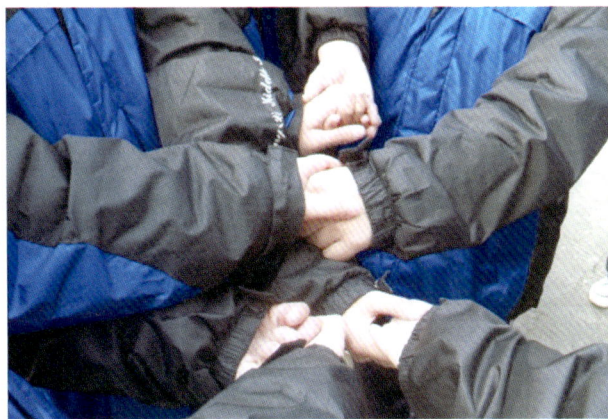

图1　相交错的结

活动设计【36】风中显劲草

图1　活动开始时的放松准备

◀ 图 2　我倒下来了哦

图 3　我是不倒翁 ▶

活动设计【45】蜈蚣大翻身

◀ 图 1　第一个翻出来的学生

图2 小心翼翼穿过缝隙

图3 留出一个小通道放心穿越

活动设计【47】一起找朋友

图1 小组在交流各自的成果

图2 教师分享同学的活动成果

活动设计【55】神奇漂流纸

图1 同学们在做活动准备

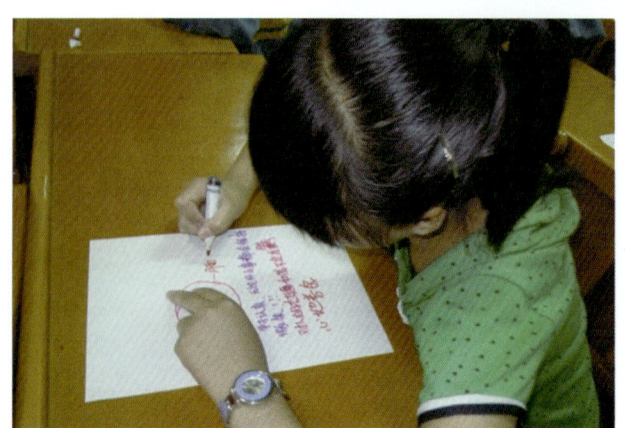

图2 漂流过程中写留言

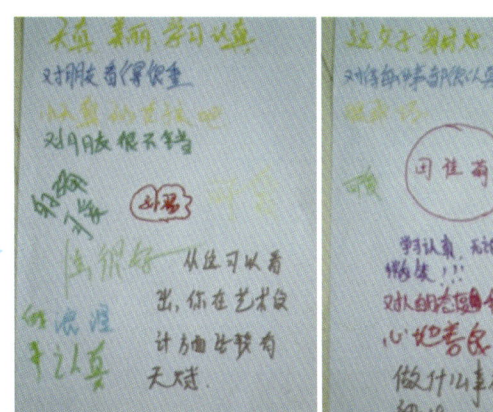

图 3　两张完成的漂流纸

活动设计【59】我选我喜欢

图 1　学生自我选择情况

图 2　小组交流各自的选择情况

彩图13

◀◀ 图 3　学生在思考自己的选择

活动设计【67】盲人一起走

图 1　独自体验盲人的感觉 ▶▶

◀◀ 图 2　有朋友引导真好

彩图14

 图 3　"一直向前,注意前面有小台阶。"

活动设计【69】能量传送带

 图 1　正在齐心协力传送一位男同学

活动设计【70】一起坐人椅

◀◀ 图1　慢慢坐下来

活动设计【72】坐地与起身

图1　四人绑坐在一起 ▶

图2 努力起身监督员看不能用手撑地

 图3 成功站起

活动设计【79】新流言蜚语

图1 学生在做活动准备

◀ 图2　大家都在密切关注传递过程

图3　小声传递，避免走漏风声 ▶

活动设计【83】超级比长短

◀ 图1　比比谁的手臂最长

彩图18

图 2　努力起身监督员看不能用手撑地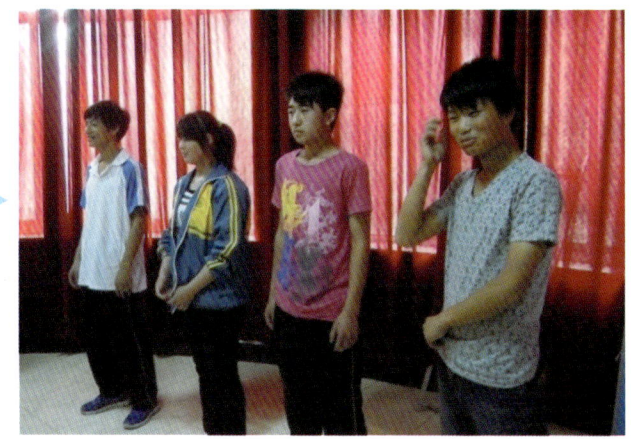

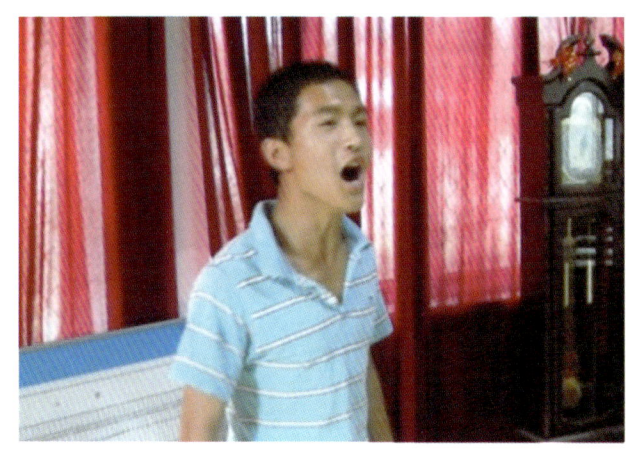
图 3　比比谁的声音最大

活动设计【85】请给我留言

图 1　签名长龙

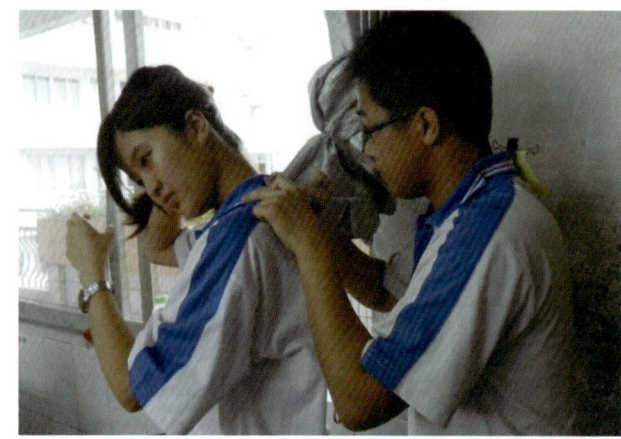

◀◀ 图2　同窗情深

图3　开心祝福

活动设计【88】穿越障碍线

◀◀ 图1　准备穿越

彩图20

图 2　准备穿越第二根绳子

 图 3　准备蹲式穿越中

活动设计【91】自信拍拍手

图 1　拍手二人组

图 2　全班来训练

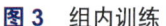图 3　组内训练

活动设计【111】穿越一张纸

图 1　创意随着剪刀在飞舞

彩图22

图2 一张纸的神奇

图3 没有做不到,只有想不到

活动设计【112】创意结绳网

图1 绘制织网方案

彩图23

图2 织网过程

图3 Z型绳网

图4 担架式绳网

图5 蛛网式绳网

图 6　座椅式绳网

 活动设计【113】创意时装秀

图 1　创意时装秀的帽子秀

 活动设计【116】驿站传密信

图 1　每一轮后学生激烈讨论

图2 在背上写来传递

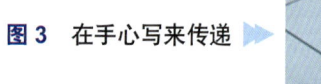图3 在手心写来传递

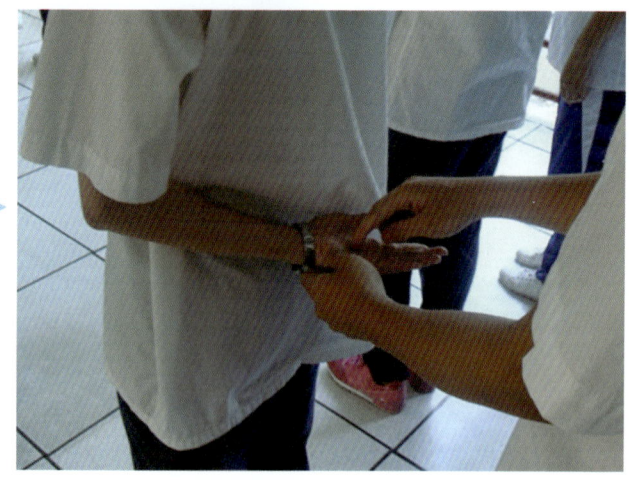

图4 每一轮后学生激烈讨论

彩图26

活动设计【131】我有我风采

我眼中的小组成员

字母	A	B	C	D	E	F	G	H
同学姓名	[illegible]	[illegible]	[illegible]	[illegible]	[illegible]	[illegible]	/	[illegible]
生物	狗.	向日葵.	草.	兔子.	冬眠的熊	青蛙.		[illegible]
比喻理由	[illegible]	很乐观.	单纯.	[illegible]	[illegible]	[illegible]		[illegible]
相似点	真诚.	[illegible]	[illegible]		[illegible]	[illegible]		

小组成员眼中的我

字母	A	B	C	D	E	F	G	H
同学姓名	[illegible]	[illegible]	[illegible]	[illegible]	[illegible]	[illegible]		[illegible]
生物	向日葵	兔子	草.	兔子	兔子	太阳花		小猪.
比喻理由	单纯	lovely.	单纯.	不单纯	"单纯"	单纯、真诚		"单纯"[illegible]

图 1　小组比喻活动情况

图 2　认真填写和相互发现

我眼中的小组成员

字母	A	B	C	D	E	F	G	H
同学姓名	[illegible]	[illegible]	[illegible]	[illegible]	[illegible]	[illegible]	/	[illegible]
生物	猴子	[illegible]	太阳花	[illegible]	外星人	青草	/	[illegible]
比喻理由	[illegible]	[illegible]	[illegible]	[illegible]	[illegible]	[illegible]	/	[illegible]
相似点	[illegible]	[illegible]	[illegible]	[illegible]	[illegible]	没什么	/	[illegible]

小组成员眼中的我

字母	A	B	C	D	E	F	G	H
同学姓名	[illegible]	[illegible]	[illegible]	[illegible]	[illegible]	[illegible]	/	[illegible]
生物	猫头鹰	草	蜜蜂	[illegible]	草	青草	/	兔子.
比喻理由	安静	安静	[illegible]	第六感	安静	[illegible]	/	[illegible]
相似点	安静	安静.	[illegible]	第六感	安静	没什么.	/	[illegible]

自我评价表

看着这些评价，你有惊喜的发现吗？回答是的话，请写下理由。

让你惊喜的理由：无

你认可的评价是：自己的评价

你的理由是：[illegible]

你不认可的评价是：安静、[illegible]

你的理由是：[illegible]

你希望与谁交流评价：[illegible]

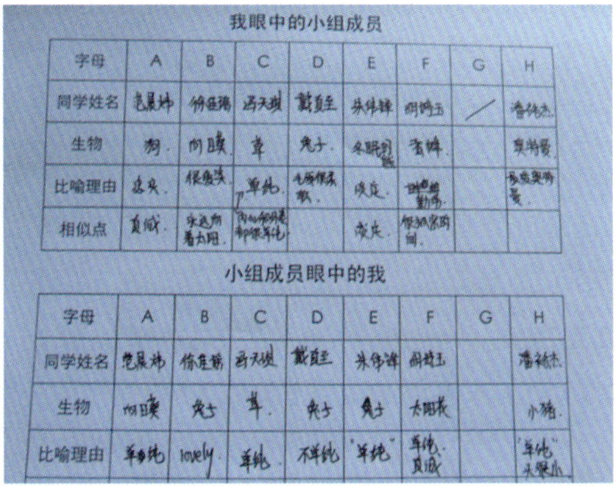

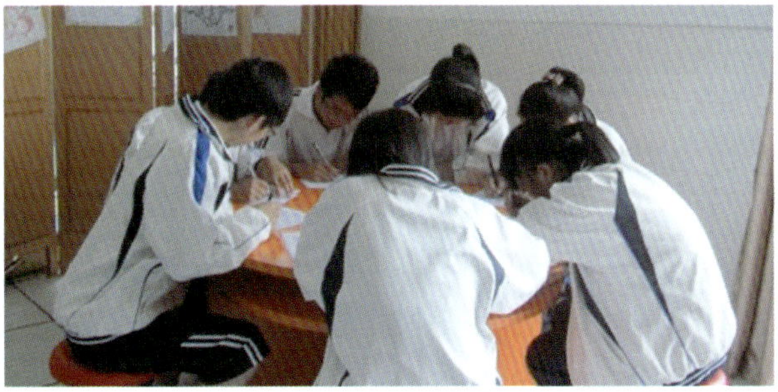

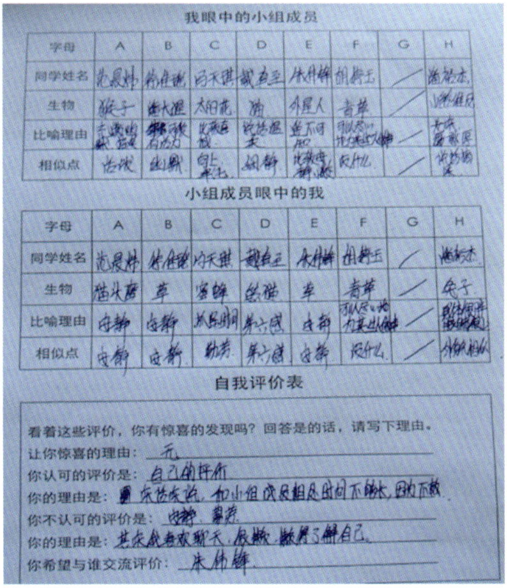

图 3　发现另外一个真实的自己

活动设计【136】拍掌定目标

◀ 图1　十秒钟最多能拍多少下呢？

图2　随机抽取8位同学的数据，男女各一半 ▶

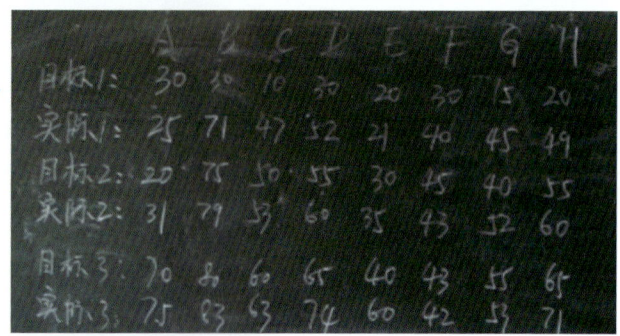

◀ 图3　集体分享完后写感想

活动设计【137】巧妙穿针线

图1 "不要动,就要穿过去了。"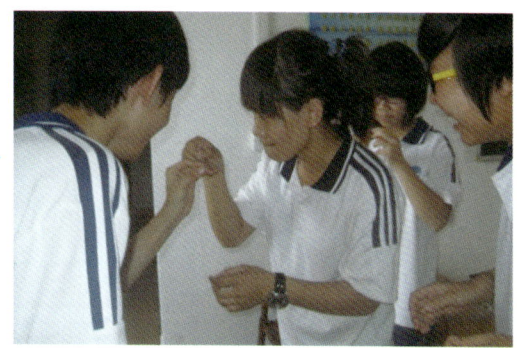

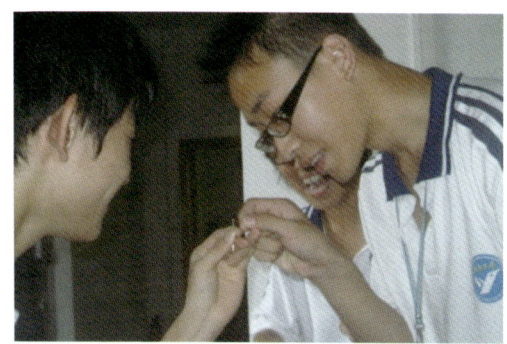 图2 "稳住,马上成功。"

活动设计【138】十年后的我

图1 填写卡片中的学生

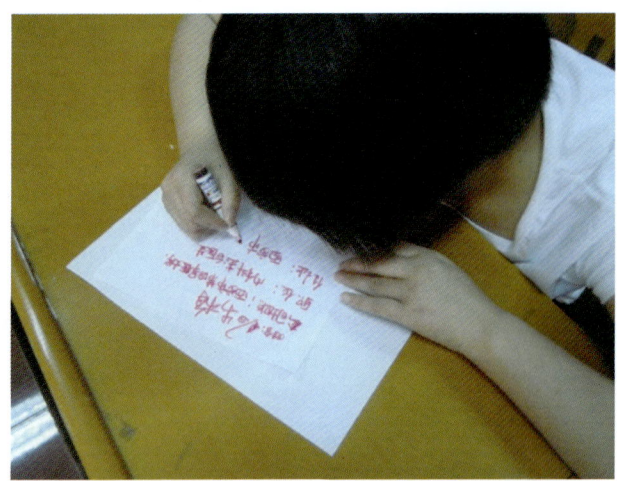

图 2 填写卡片中的学生

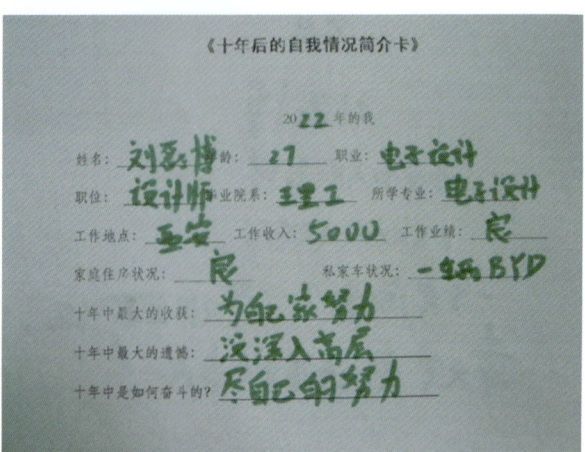

图 3 一张填写好的简介卡

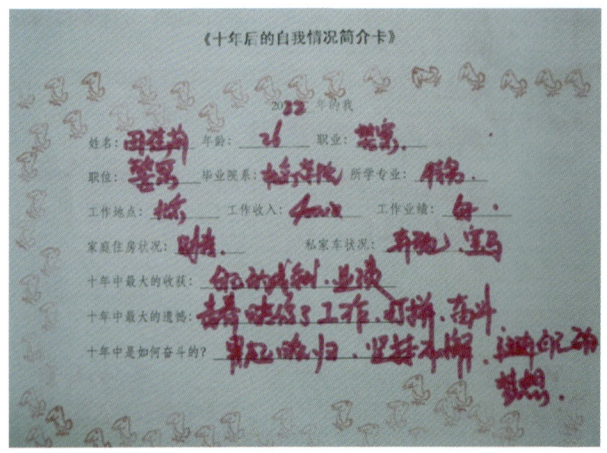

图 4 一张填写好的简介卡

彩图30

本书编委

蔡晓存	陈　晨	陈醉冰	程景华	邓公明	董　杨
杜小玲	高长瑜	耿　娟	韩亚平	何凤英	何姗姗
何晓梅	何银娇	胡金平	黎秀清	李　静	李　妮
李仁强	李水凤	林　燕	刘　蓉	刘增雅	龙卡妮
路　琨	蒙记清	彭慧玲	秦艳霄	邵　颖	史芙蓉
覃　军	谭焙垚	陶德春	汪海云	王海娟	王建华
王玮香	王　艳	王展宏	温　睿	翁星凯	吴　斌
吴玲玲	夏晓鸥	谢妮丝	徐　婕	徐小林	阳庆华
杨海雁	杨红梅	叶　科	喻永婷	袁章奎	张付山
张国娣	张金慧	张秋君	张全亮	张　燕	赵景丽
郑　强	周　红	朱　娟	庄顺利		

（以上姓名按姓氏音序排列）

推荐序

第一次看到这本书的时候就被活动设计之新颖所吸引,这真不愧是中小学一线专业心理教师写出来的班级团体心理活动参考用书。书中的每一个活动都考虑得那么周到,撰写得那么详尽。毫不夸张地说,这是我目前看到过的撰写得最为详尽的心理活动类书籍。

对于本书主编袁章奎老师,我早有耳闻。我们不仅曾多次在会议中交流,而且也常常通过互联网切磋。作为一线高中专职心理教师,袁章奎老师多年来一直坚持着自己的教育理念——做一名幸福进取的中小学心理健康教育工作者。

这本《中学班级心理团体活动142》(下简称《活动142》),我认真仔细地通读了一遍,爱不释手。本书有几个显著特点:

第一,这本书对心理活动概括得非常全面。现在类似的书已经有不少了,而这本《活动142》的独特之处在于每一个活动的每一个细节都写得非常详尽,这是其他书籍中不多见的。我们可以看到书中不少心理活动并不是全新的,它是对一些经典的心理活动的重现,但是这种重现并不是简单地照抄照搬,而是一线中小学心理教师在多年实战经验基础上的创新、改造和完善,所以,我们看到的书中的部分活动似曾相识却又十分新鲜。此外,本书还加入了更多适用于班级团体心理训练的原创活动,这些活动对于开阔读者视野,提升心理活动课水平,改进心理健康教育模式有十分重要的示范和引领作用。

第二,这是一本心理教育普及书。真正意义上的中小学心理健康教育在我国已经走过了十余年发展历程。目前，各级教育行政部门开始重视中小学心理健康教育，机构建设、制度建设有所发展；心理健康教育教师队伍建设受到重视，专、兼职心理教师数量有所增长；80%以上中小学校开展了心理健康教育活动，教学方法多种多样。*然而，心理健康教育要真正在学校开展起来并不是一件容易的事情。通过多年的心理健康教育研究，我发现，在心理健康教育师资相对缺乏的中学要开展好心理健康教育，比较好的切入点就是开展针对班级和小团体的心理活动课，因为只要有一定的专业活动设计，一线班主任老师就可以比较好地带领学生获得积极的心理体验，从而促进学生心身健康成长。《活动142》中的每一个活动都是精心设计，且经过实践，相信不仅能成为中学一线心理教师的好助手、好教参，更可以帮助那些对心理活动课不太熟悉和不知如何操作的班主任较快地进入状态，上出富有特色的心理活动课。

　　第三，这是一本积极心理实践书。有一个故事是这样讲的：老板杰瑞看到刚买来一周的花就打蔫了，叫来办公室负责人亨利训斥道："你怎么搞的，公司花钱买花是为了公司形象，可你看看，一大半都要死了。"亨利看了看花，说："没事的，老板，花儿都活得好好的，只是叶子有些蔫，我修理一下，同时，我让办公室的每位员工都认领几盆，刚好将此作为培养他们爱惜花木、热爱公司、为公司树立形象的良好机会。"从这个故事中我们不难看出积极心理学的魅力。当代心理学中所谓的"积极"，一般是指"正向的"或"主动的"含义。面对同样的事实——打蔫的花，从不同角度看待，心态显然不同，前者是消极的心态，后者是积极的心态，后者会让人感觉好很多。**《活动142》中每个活动都从积极心理的角度来进行设计，这对于培养具有积极心理的学生是十分有意义的。

　　第四，我坚信，只要有信心开展心理健康活动课，不论是专职心理教师还是兼职心理教师，或完全是"门外汉"的班主任们，只要多思考、多实践，一定

---

* 王定华.我国中小学心理健康教育发展状况 [M].陈虹副主编.北京：开明出版社，2010：20.

** 陈虹，吴九君.教师积极心理的培养与训练 [M].天津：天津教育出版社，2011：145.

可以上出一堂又一堂精彩生动的班级团体心理活动课，帮助更多的孩子获得更多更有意义的积极心理体验。

陈　虹

《中小学心理健康教育》杂志　副主编

2012年9月10日教师节

前　言

正在撰写这篇前言的时候，网络上又出现一些学生因心理问题而造成惨剧的报道。每每看到这些消息，我的内心无比沉重。我们几乎天天都在各种媒体上听到呼吁关注中小学生心理健康、重视和加强中小学生心理健康教育。然而在绝大多数中小学校里，心理健康教育还只是一种"奢侈品"，很多学校无法"消费"。在中小学开展心理健康教育最有效、普及面最广、教育效果最好的方法是开展班级团体心理活动课，但是因为各种原因，真正能开展的学校在中国大地上寥寥无几。究其原因，不外有二：一是学校没有专业心理教师，无法开展真正意义上的班级团体心理活动课；二是即使有专业的心理教师，也因为经验不够而不敢尝试这样的团体心理活动课，而只是进行一些常规意义上的心理健康知识的宣讲。

为了帮助新老心理教师更好地开展班级心理活动，笔者于2011年发起了本书的编著工作。本书的作者是来自20个省市自治区的一线中小学和中职学校的专职心理教师。他们均已经在一线从事多年心理健康教育工作，在班级团体心理活动课方面具有较强的实践经验，由他们编写出来的团体游戏更具有可操作性和实用性。笔者负责本书策划和活动板块的设计，并负责统稿和最后的校改。本书的每一个活动方案都是由撰写教师在自己的班级团体心理活动课中反复实践，并对活动中的各个环节精心修改而来的。即使对心理活动课不熟悉的教师，只要认真看完每一个活动设计，都可以比较好地开展比较专业的班级团体心理活动课。为了确保每一个活动方案都实用、耐读、易懂，笔者特别邀请了国内一线心理健康教育名师对所有书稿进行分章校改：刘蓉老师负责第一章的校改工作；张全亮老师负责第二章的校改工作；陈晨老师负责第三、四章的校改工作；董杨老师负责第五、六章的校改工作；高长瑜老师负责第七、八章的校改工作；王海娟老师负责第九、十章的校改工作；张付山老师负责第十一章的校改工作；刘增雅老师负责第十二章的校改工作；杨红梅老师负责第十三章的校改工作；蒙记清老师负责第十四章的校改工作。此外，温睿老师担任统稿助理，张付山老师参与了第一部分撰稿。

当然，中小学班级团体心理活动课应用于不同的群体时也应有所区别，执教老师在使用本书中的各个活动设计时应首先研究活动对象的身心特点，并据此对活动进行适当修改，以便进一步提高活动的实效性和针对性。如果执教老师在操作过程中仍有疑惑，欢迎与相关活动的原编写者通过电子邮件直接联系。

袁章奎

2012年11月14日

贵阳筑城

目 录

推荐序 ·· III
前　言 ·· VII

第一部分　班级团体心理活动组织技巧 ···················· 1
第一节　准备技巧 ·· 2
第二节　带领技巧 ·· 6
第三节　提问和沟通技巧 ·· 8
第四节　评估技巧 ··· 13

第二部分　心理活动 ··· 15
第一章　热身破冰类 ·· 16
活动设计【1】超级进化论 ··· 16
活动设计【2】大风小风吹 ··· 17
活动设计【3】大树与松鼠 ··· 18
活动设计【4】大—小西瓜 ··· 20
活动设计【5】耳朵和鼻子 ··· 20
活动设计【6】哼哈请接招 ··· 21
活动设计【7】反应一二三 ··· 23
活动设计【8】快乐抓快乐 ··· 24
活动设计【9】马兰花儿开 ··· 25
活动设计【10】拍七看反应 ·· 26
活动设计【11】人际大富翁 ·· 27
活动设计【12】唐老鸭送信 ·· 28
活动设计【13】桃花朵朵开 ·· 29
活动设计【14】外星人来啦 ·· 30

活动设计【15】无敌大名串 ……………………………………… 31
活动设计【16】五毛和一块 ……………………………………… 32
活动设计【17】小青蛙跳水 ……………………………………… 33
活动设计【18】学唱小白兔 ……………………………………… 34
活动设计【19】雨点变奏曲 ……………………………………… 35
活动设计【20】掌声响起来 ……………………………………… 36

第二章 小组形成类 ………………………………………………… 38
活动设计【21】穿越生死网 ……………………………………… 38
活动设计【22】独特小组秀 ……………………………………… 40
活动设计【23】结缘大拼图 ……………………………………… 41
活动设计【24】扑克有乾坤 ……………………………………… 42
活动设计【25】巧接生日龙 ……………………………………… 43
活动设计【26】图画接力赛 ……………………………………… 44
活动设计【27】兴趣大集合 ……………………………………… 45
活动设计【28】有缘结同心 ……………………………………… 46
活动设计【29】万能分组法 ……………………………………… 48

第三章 团队建设类 ………………………………………………… 50
活动设计【30】超级链链接 ……………………………………… 50
活动设计【31】打开千千结 ……………………………………… 51
活动设计【32】领袖的风采 ……………………………………… 54
活动设计【33】构筑友谊家 ……………………………………… 58
活动设计【34】融化的冰盖 ……………………………………… 59
活动设计【35】突围与闯关 ……………………………………… 60
活动设计【36】风中显劲草 ……………………………………… 62
活动设计【37】我们可信赖 ……………………………………… 63
活动设计【38】无敌风火轮 ……………………………………… 65
活动设计【39】勇冲地雷阵 ……………………………………… 67

第四章 环境适应类 ………………………………………………… 71
活动设计【40】个性小名片 ……………………………………… 71
活动设计【41】归宿在哪里 ……………………………………… 72

  活动设计【42】适应新校园 ·········· 75
  活动设计【43】搜索大行动 ·········· 77
  活动设计【44】投球与定位 ·········· 79
  活动设计【45】蜈蚣大翻身 ·········· 81
  活动设计【46】有缘来相会 ·········· 82
  活动设计【47】一起找朋友 ·········· 84
  活动设计【48】障碍在哪里 ·········· 86

第五章 认识自我类 ·········· 88
  活动设计【49】背后悄悄话 ·········· 88
  活动设计【50】接纳我自己 ·········· 90
  活动设计【51】消失的自我 ·········· 91
  活动设计【52】个性名片秀 ·········· 93
  活动设计【53】人生拍卖会 ·········· 94
  活动设计【54】神奇的气质 ·········· 98
  活动设计【55】神奇漂流纸 ·········· 101
  活动设计【56】探看我心房 ·········· 103
  活动设计【57】我的个性表 ·········· 104
  活动设计【58】我的自画像 ·········· 106
  活动设计【59】我选我喜欢 ·········· 108
  活动设计【60】我这个橘子 ·········· 111
  活动设计【61】寻找我自己 ·········· 112
  活动设计【62】站队识性格 ·········· 114

第六章 助人自助类 ·········· 118
  活动设计【63】不倒的森林 ·········· 118
  活动设计【64】共划友谊船 ·········· 120
  活动设计【65】合力吹气球 ·········· 122
  活动设计【66】集体俯卧撑 ·········· 124
  活动设计【67】盲人一起走 ·········· 125
  活动设计【68】盲哑人排队 ·········· 128
  活动设计【69】能量传送带 ·········· 130
  活动设计【70】一起坐人椅 ·········· 132

活动设计【71】啄木鸟行动 134
活动设计【72】坐地与起身 138

第七章 人际交往类 140
活动设计【73】复制不走样 140
活动设计【74】词汇大接龙 141
活动设计【75】盲人信任走 143
活动设计【76】你是我朋友 144
活动设计【77】平地起高塔 145
活动设计【78】倾听小练习 147
活动设计【79】新流言蜚语 149
活动设计【80】一路上有你 151
活动设计【81】勇于担责任 153
活动设计【82】蒙眼走方阵 154

第八章 树立自信类 157
活动设计【83】超级比长短 157
活动设计【84】画朵自信花 159
活动设计【85】请给我留言 161
活动设计【86】食指的力量 162
活动设计【87】收获大糖弹 164
活动设计【88】穿越障碍线 166
活动设计【89】我的得意事 167
活动设计【90】优点大轰炸 169

第九章 学法探索类 172
活动设计【91】自信拍拍手 172
活动设计【92】换心大行动 173
活动设计【93】聚心又凝神 176
活动设计【94】考试大赢家 178
活动设计【95】考试再认知 180
活动设计【96】提高记忆力 183
活动设计【97】挑战记忆力 185

活动设计【98】为自己掌舵 ··············· 187
　　活动设计【99】学习的风格 ··············· 189

第十章　生命意识类 ······················· 194
　　活动设计【100】感谢有你们 ·············· 194
　　活动设计【101】爱在手指间 ·············· 195
　　活动设计【102】符号的旋律 ·············· 197
　　活动设计【103】生命玻璃杯 ·············· 198
　　活动设计【104】人生八宝箱 ·············· 200
　　活动设计【105】人生价值观 ·············· 201
　　活动设计【106】重洗命运牌 ·············· 203
　　活动设计【107】我的生命线 ·············· 207
　　活动设计【108】选择生存者 ·············· 209

第十一章　创新素养类 ······················· 213
　　活动设计【109】百变回形针 ·············· 213
　　活动设计【110】比比看谁高 ·············· 214
　　活动设计【111】穿越一张纸 ·············· 215
　　活动设计【112】创意结绳网 ·············· 217
　　活动设计【113】创意时装秀 ·············· 218
　　活动设计【114】接力续图画 ·············· 219
　　活动设计【115】突破旧思维 ·············· 221
　　活动设计【116】驿站传密信 ·············· 224

第十二章　情绪管理类 ······················· 228
　　活动设计【117】互诉面对面 ·············· 228
　　活动设计【118】解压我有招 ·············· 229
　　活动设计【119】冥想的力量 ·············· 231
　　活动设计【120】羞愧的游戏 ·············· 234
　　活动设计【121】行动大比拼 ·············· 236
　　活动设计【122】学做"身"呼吸 ·········· 237
　　活动设计【123】增强幸福感 ·············· 240

活动设计【124】突破心重围……241
活动设计【125】书本的重量……243

第十三章 青春探索类……245

活动设计【126】玻璃大鱼缸……245
活动设计【127】一起来约会……246
活动设计【128】E网情也深……248
活动设计【129】爱情心配方……250
活动设计【130】七彩的自我……251
活动设计【131】我有我风采……253
活动设计【132】勇闯地心岛……256
活动设计【133】男女障碍赛……258

第十四章 生涯规划类……260

活动设计【134】穿他鞋跑步……260
活动设计【135】给生命设限……261
活动设计【136】拍掌定目标……263
活动设计【137】巧妙穿针线……265
活动设计【138】十年后的我……267
活动设计【139】时间规划师……269
活动设计【140】五只毛毛虫……271
活动设计【141】现代鲁宾逊……274
活动设计【142】前后十年我……278

附录一　心理活动反馈调查表（一）……281
附录二　心理活动反馈调查表（二）……282
附录三　活动物资一览表……283
附录四　活动设计者一览表……290

第一部分

班级团体心理活动组织技巧

　　团体心理活动是一种促进学生思考、体验和探索心理世界的人际活动。教育者常常通过这类活动达成一些预设的目标，例如促进学生自我发现、增进人际关系和提升抗挫折的能力等。而心理活动要达到这样的功效，需要教育者有一定的技巧和经验，本书第一部分主要从活动准备技巧、带领技巧、提问技巧、沟通技巧及评估方法几个方面提供一些建议。

第一节 准备技巧

要让一个心理活动达到好的效果,教师们一定要进行充分的准备,所谓磨刀不误砍柴工。

本书为教师们提供了非常丰富的活动方案,但要能够自如地运用这些活动,教师要先了解它们,对于那些有规则的游戏活动自己要会玩能够深入领会,并且在正式使用之前找少数学生或同事练习。在练习的过程中,应注意几件事:

自己是否能够在没有手稿的情况下用清晰、简洁的口语把游戏的规则讲述清楚? 先是练习自己讲,然后再对同事讲,看他们是否能一下就听明白;之后,找你要组织活动的年龄段的孩子听听看,他们是否能明白你说的游戏规则。有些游戏规则不能单纯用语言说清楚,需要做示范,那么如何快速作好示范,教师也是要提前准备和练习的。活动经验不丰富的教师常常会忽略讲解游戏规则的环节,这会造成意想不到的结果,比如花费很长时间用于纠正规则,或是即使活动勉强进行,却因为规则不清楚而不能达到活动目的,学生也不能领会教师设计活动的意图。

有的教师会觉得多玩几次游戏自然就能把规则说清楚了,不用专门练习。根据经验,如果教师每"玩"一个新的游戏和活动,都不能很清楚地表达游戏规则,会大大打击学生的积极性,他们的参与度会大打折扣,尤其是对那些极聪明又缺乏耐性的青少年。

能够准确和简洁地表达游戏规则,对教师来说有哪些好处呢?第一,当你这样做时,你会成为学生的榜样,他们会体会到准确、简洁的语言能够又好又快地让听众理解;第二,可使活动更高效、更优质,能够达到预期的目的;第三,为创新活动打下基础,教师可以通过对熟悉的游戏加以改造,创造出更多样的活动。

比讲清活动规则更进一步的是，你是否非常清晰地理解了活动的内在目的？ 新手教师常犯的一个错误是爱用"好玩"的游戏活动，而忽略了活动与整节课或讲座的主题是否契合。因此，要首先考虑清楚活动的目的。

理解活动的目的除了在选择游戏时用到，还体现在对每一个环节的引导中，如提问、引导学生思考、分享和引出主题等。活动目的可以说是一个活动的灵魂，教师深刻理解活动目的，可将活动变成自己的，而不再是照本宣科。

你是否知道这个活动有怎样的场地要求，是在教室、户外，还是需要在活动室进行？ 本书设计的活动绝大多数都可以在一般的教室内开展，如果是在教室内开展，建议所有活动都以小组的方式进行。如果是需要在室外空地开展的，带领者应事先到室外选好场地。适合的场地标准是相对比较僻静、安全、宽敞，切不可选择在周边有上课教室、危险洼地、水塘、高坎、乱石等地方。

如果活动是在普通教室或团体活动室内进行，桌椅的摆放可以有不同的形式，下面以8个小组为例，有以下方案可供选择。

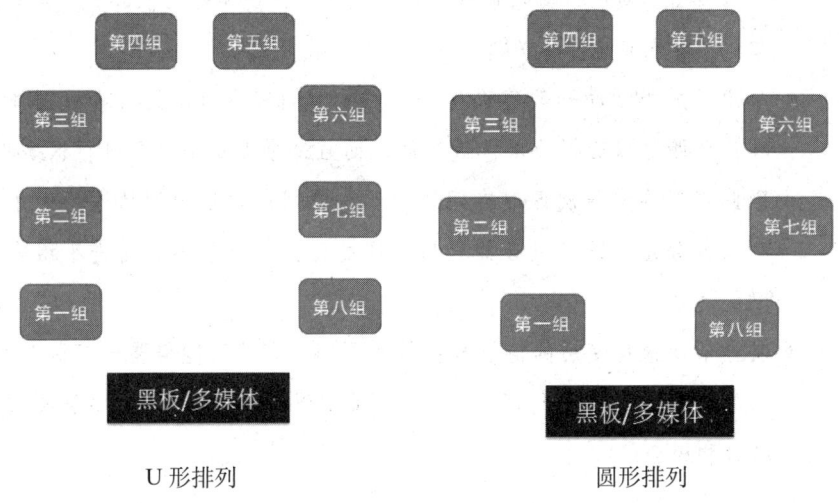

U形排列　　　　　　　　圆形排列

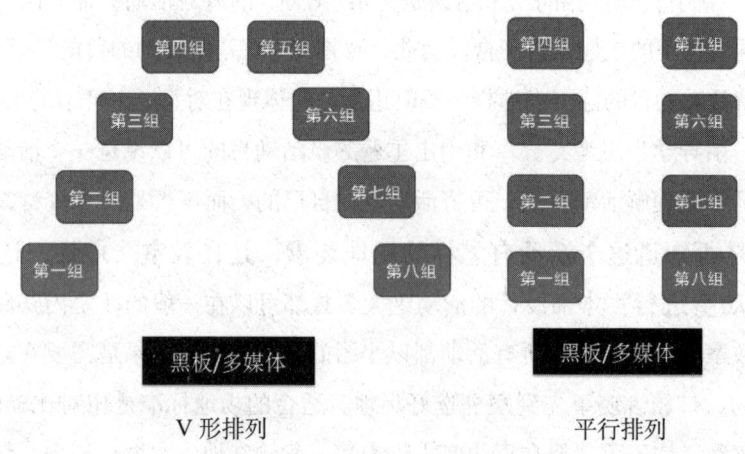

V形排列　　　　　　　平行排列

你是否知道这个活动需要多长时间完成,不同年龄、年级的学生所需的时间是否相同? 以下为本书提供的活动所需的大致时间:

- 热身破冰类活动一般在 5～10 分钟内完成,达到热身目的即可,每一次班级团体心理活动课带领者都可以根据需要和时间来进行适当的调整,以增强参与者的兴趣。
- 小组形成类活动一般建议用一节课的时间来进行,因为班级团体心理活动课是以班级为单位进行的,而且每学期每个班会进行很多次,因此建议在第一次课时专门进行小组形成,之后的活动课均采用第一次的分组,既可以节约以后上课的时间,也能不断增进小组内同学的关系。
- 其他活动根据使用的情境和目的的不同,有的可能需要一节课时间,有的只需要 10 多分钟即可完成,因此建议带领者根据自己的需要进行选择和组合。

班级规模的心理活动人数多需要分组进行时,如何分组,你是否做好了计划? 本书中的少数活动无须分组即可进行,不过为了便于操作及学生团队精神的养成,建议每次活动都采取分组的方式进行。为了节约时间,建议带领者对整个学期的课程进行整体规划，分组一次到位，第一次分组后，一般情况下整个学期不再打乱重新分组。根据班级人数的不同，分组人数也不同，除一些特殊活动外，一般每个小组人数控制在6～8人最佳。

活动需要准备哪些器材或活动用品？ 精心准备活动器材是十分重要的环节，没有相应的器材和道具，要想达到某些体验效果几乎是不可能的。苦于学校经费紧张等原因无法获得足够的活动器材，造成很多活动无法开展。以下给教师们提供一种可行的解决方案：

常规的班级团体心理活动最常使用到的器材有**秒表、A4纸、彩笔、签字笔、扑克牌、N次贴、短绳**（一般可用鞋带代替）、**计分板、眼罩、报纸、拼图、透明胶、剪刀、小刀**等，这些器材也是易耗品，如果学校统一采购会消耗不少资源，完全可以通过学生自费与分摊的方法来解决。

具体来说，一般心理教师在学校都是承担很多班级的心理课，不少老师会承担10个甚至更多的班级。拿眼罩来说，如果需要用到60个眼罩，而心理教师需给10个班上课，则可以在第一次课上选定心理科代表（或心理委员）后，安排每个班心理科代表购买6个眼罩，费用找生活委员报销，这样就有了60个眼罩。其他物品也通过同样的方法解决。如此几年，心理教师可用的器材会越积越多，不必再为没有活动器材而发愁。另外，对活动用品的管理也很重要，好的管理可以提高器材的使用效率，减少浪费，让更多的学生受益。

第二节　带领技巧

心理教师要带领好班级团体心理活动，有以下一些常用技巧：

一、促进自我认识类技巧

1. 通过活动前和活动中的提示，使学生有所感悟和触动，并注意体验内心感受；
2. 建立安全的团体氛围，引导学生在活动中表达真实情感；
3. 帮助发言学生澄清他所要表达的内容，和心理咨询中的澄清技术相似；
4. 教师要做真实、开放地表达自己的榜样。

二、促进活动分享类技巧

5. 提前与班级约定好在分享过程中不使用贬损和侮辱他人的语言，并请大家保持开放和宽容的态度，以建立一个安全的分享氛围；
6. 避免使用暗示、忠告、说服等"指示性"语言；
7. 引导学生通过团体交流产生的影响力来回忆、反思和调整自己的知、情、意、行；
8. 将大班分为小组进行活动，使每个成员都有小组交流的机会；
9. 尽量设计以口头表达为主、书面表达为辅的分享形式；
10. 对学生分享和发言中说的错话教师应持一种宽容和积极的态度；
11. 鼓励不常发言的学生与大家分享感受，但不要强求；
12. 分享的内容离题太远时，教师应及时拉回主题或请其他人分享。

三、促进活动氛围类技巧

13. 教师自己要有活力和童心，以自己的热情感染学生积极参与；
14. 不要过于强调对知识的学习和认知；
15. 活动氛围一旦形成，就不要人为地加以冲淡甚至是干扰；
16. 对于课堂上捣乱的学生应积极幽默地冷处理；
17. 如果学生想继续同一个活动，教师应征求全体同学的的意见或是请学生们课后再组织。

四、促进活动有效类技巧

18. 以目的为根本，不要太过于追求形式和手段的新鲜花哨；
19. 不要太过依赖、滥用多媒体设备和背景音乐，以免影响学生的主体地位；
20. 多媒体或投影主要应该用于呈现情境及提出思考性问题；
21. 不要因急于求得辅导活动的完整结论而去终止讨论，草率干预；
22. 理性的结论远远不如学生投入地沟通交流时所获得的启发和感受有价值；
23. 教师需灵活把握辅导活动的发展势头，不可刻板依照原定设计行事；
24. 活动过程中产生的一些纸质的资料应请学生保存好，以便以后总结回顾；
25. 教师要锻炼一双观察的慧眼和一对倾听的聪耳，在活动中捕捉学生体验的细节并反馈给学生，促进他们的感受和反思；有时这些观察和倾听本身就会对学生产生很大的帮助，同时也有示范作用。

五、确保活动安全类技巧

26. 活动中细心观察每个小组的活动，避免发生意外；

27. 每个小组应指定组长和安全观察员；

28. 某些活动前应先让学生取下身上较硬或易碎物品，如眼镜、钥匙等；

29. 活动前应检查活动器材是否有损坏或存在安全隐患；

30. 心理教师应注意学习一些急救常识；

31. 提醒学生爱护设施以及自然环境；

32. 提醒学生保护环境卫生，不要乱丢垃圾；

33. 活动前要求学生穿运动服或校服；

34. 活动前应要求女生将长发扎好；

35. 建议残疾、有伤或患有心脏病、高血压、哮喘等疾病的学生作为观察员，不直接参与某些剧烈活动；

36. 随时提醒学生注意自己和同学的安全；

37. 开展较危险的活动应征得主管领导同意；

38. 活动中遇到突然情绪失控者应及时安抚。

第三节　提问和沟通技巧

提问是班级团体心理活动必不可少的环节，没有提问与学生的思考，心理活动就成了趣味游戏。在班级团体心理活动中常用的提问模式有三阶段引导模式、六阶段发问模式、4F扑克经验反思法和积极取向提问法。

一、三阶段引导模式

三阶段引导模式的创立者Terry Borton指出，可以通过"发生了什么？（What？）"、"所以怎么样？（So What？）"、"现在又怎么样？（Now What？）"进行发问。这种提问模式在实际的班级团体心理活动中运用最为广泛。

发生了什么？(WHAT?)

- 在刚刚的活动中，你的情绪有什么变化吗？
- 在刚才的讨论中，你观察到了什么？
- 在你的画中都出现了哪些元素？
- 是谁最先发现传话筒的传递方向的？
- 你现在的感觉如何？

所以怎么样？(SO WHAT?)

- 体会到这种温暖的感受，对你有什么启发吗？
- 活动经验给我们什么启示与教训？
- 你生活中可有类似情况？它们是如何影响你的选择的？
- 这次的失败，有哪些教训？

现在又怎么样？(NOW WHAT?)

- 今天的活动对你未来的学习会有帮助吗？你打算如何运用它呢？
- 通过今天的活动发现了自己在人际交往方面的不足，你打算如何改进呢？

二、六阶段发问模式

六阶段发问模式的创立者 Thiagi 认为，有六个常用的阶段式提问，分别为：

- 感觉如何？
- 发生了什么？
- 学到些什么？
- 与其他经验有何联系？
- 如果……可以怎样？
- 下一步将会怎样？

六阶发问模式比三阶段引导模式更细致，它以简洁但非概括的问题贯通整个经验学习过程；提问句型结合了更多感性与想象的元素，可以使学生的视野与已有经验的联结，得到更多的扩充。诸如"如果……及下一步……"的提问，能刺激及鼓励学生从多角度进行经验联结及在生活中应用。

三、4F扑克经验反思法

4F扑克经验反思法的创立者Roger Greenaway提出，提问过程就是四个连续的反思过程：

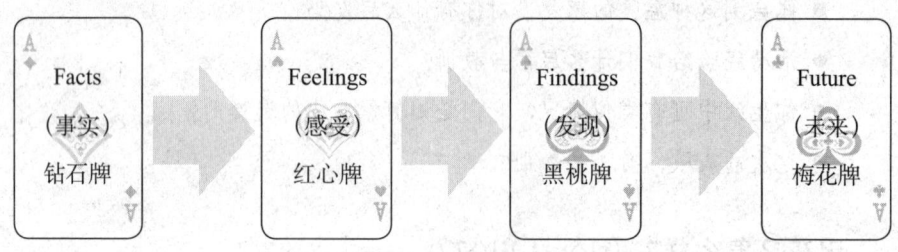

FACTS（事实）钻石牌

- 刚才我们见到了什么？听到了什么？
- 我们如何发现？
- 最难忘或最不同、最有趣的是什么？
- 有没有人可以说出A君在游戏中曾为我们作出什么贡献？

FEELINGS（感受）红心牌

- 游戏中印象最深的是什么？
- 你在什么时候感到投入最多或最少？
- 你觉得谁和你的情绪最相近或最不同？
- 听到别人说出你对小组有所贡献时有何感受？

FINDINGS（发现）黑桃牌

- 我们学到什么？我们找到了什么？
- 什么让你有这种感觉？
- 这个经验与学习有什么相似或不同的地方？
- 当你表达愿意接纳帮助时，你发现自己与其他组员的关系有什么变化？

FUTURE（未来）梅花牌

- 你看到有什么选择或可能性？
- 有什么是你会停止、开始或继续做的？
- 你想从这次经验中学会什么？打算怎样开始？什么时候开始？
- 下次活动你会多做些什么事情？

四、积极取向提问法

很多心理教师往往采用一种问题取向的提问方式，这样容易引起学生的不适，同时也无助于学生的成长。鉴于此，我们可以衍生出一种更具有积极心理色彩的提问模式——积极取向提问。当然，积极取向提问不只是一项技巧，也是一种态度。这就好比心理教师最喜欢举的一个关于态度的例子——观看半杯水的情况一样，可以觉得不好，尚欠半杯水；也可以觉得还好，仍有半杯水。积极取向的提问朝向发掘正面经验，从成功的、已达成的或已拥有的强项出发，肯定参加者之能力。

积极取向提问法有三个具体的操作方法：

优点提问：从事件的正面、优点及强项开始，待学生的能力得到肯定后才进行问题讨论，将不足化为改善的目标与行动。

例外提问：从负面、失败及问题事件里寻找例外情况，例如"当我们合作较好的时候，我们是怎样的"，通过对例外事件的讨论，发掘并肯定参加者的能力。

量化提问：先将问题量化，借着将问题具体化的过程固定影响，例如学生将问题评定为6分（最差1，最好10）时，说明对于他而言，现在虽然不是最满意的状态，但也不是最糟糕的时候。

五、沟通技巧

心理教师在带团体活动时还应注意掌握一些基本心理沟通技巧：

接纳

可以通过"嗯"、"是"、"是这样吗"、"不错"等应答性语言或者点头、扬眉等非语言的行为来表示接纳。

沉默

具有暗示和同感两个功能，心理教师运用时还要以点头、注视、表情变化及诸如"嗯"、"噢"等语气词来表现对学生内心体验的同感。

简述

就是心理教师用自己的话，简明扼要地把学生刚才所说的内容表达出来，反馈给学生听。

具化

常使用"何人？何时？何地？有何感觉？有何想法？发生何事？如何发生？"等开放式的问话方法，对学生的回答应予以支持、鼓励或引导。

共情

表达共情的句式有"你是不是觉得……""你好像是说……""所以，你才处在一种……""我觉得你的意思并不是……"等。

开放

心理教师的自我暴露必须立足于班级当时的团体氛围，自我开发之后，团体动力有所提升，则应立即把话题转回到团体讨论的主题上，并进一步提出相关的开放性问题，不可继续滞留在自我开放的情境体验之中。

第四节 评估技巧

对班级团体心理活动课的效果进行评估的常用方法有课堂观察法、口头询问法和问卷调查法三种。

课堂观察法

做完心理活动后带领老师应该根据自己对学生在活动中的投入程度、参与热情、讨论深度、分享氛围等的观察，判断本次班级团体心理活动的效果。

口头询问法

做完心理活动后，带领者通过口头交流的形式与随机抽取的几位同学进行交流，询问他们的感受和收获，以此判断活动的效果。

问卷调查法

指带领者设计一系列有针对性的问题，请成员填写，收集成员对团体心理活动课过程、内容、成员关系、团体气氛或基调、团体目标达成、带领者的态度以及工作方式等方面的意见的方法。这种调查问卷的形式可以是开放式的、封闭式的或半结构式的。这里列出两个量表（见附录一、附录二）供教师参考。这样的问卷是教师综合工作评估的一个方面，应做好保存和整理工作。

第二部分

心理活动

　　本书第二部分共14章，将142个班级心理活动分类介绍给读者。其中部分活动虽然被分类于某章，但并不拘泥于该章主题，也可以用于其他主题的心理活动中。

第一章 热身破冰类

活动设计【1】超级进化论

【活动目的】

- 活跃团体气氛，舒展身体。
- 让学生在感受快乐的同时体验挫折。

【活动步骤】

1. 教师担任活动的裁判员，简要介绍活动规则。将活动区域划分为大小不等的四个区域，分别供小蛋、乌龟、猩猩、人类聚集和进化使用。

2. 所有的学生在初始阶段都保持小蛋的状态（大家抱头蹲下样子像鸡蛋形状）。

3. 教师宣布活动开始，说一声"进化开始"，小蛋们猜拳"石头、剪刀、布"，赢了的同学就进化成了小乌龟，相应进入小乌龟待的区域，（小乌龟的姿势是蹲着，作爬行状）。输了的同学，依然保持蛋的形状，待在小蛋的区域。

4. 小乌龟和小乌龟猜拳，赢者进入大猩猩区域，作大猩猩状（站立捶胸）。输了的小乌龟则返回到小蛋状态，等待下一轮"进化"，重新和小蛋猜拳……

5. 大猩猩和大猩猩猜拳，赢者进化成为人类（人类的状态是抱手在事先划定好的人类聚集区观看）。进化成人类后就算胜出，不再参与猜拳。输了的大猩猩则退化成为小乌龟，回到小乌龟的区域，继续下一轮的"进化"。

6. 每一轮猜拳过后，不管输赢，都必须保持自己所属物类的姿势15～20秒。

注意：教师应该把握活动结束的时机，可以选择在进化无法进行下去的时候结束，也可以选择在第N个人类"诞生"的时候结束。要在游戏开始确定下来，并告诉学生们。

7. 讨论与分享：活动结束后，如需要，教师可引导学生讨论：
- 当你从小蛋进化成为人类的时候，你的感觉怎么样？
- 当你还是一个小蛋时，却有人进化成为人类了，你的感觉怎么样？
- 你成为人类，却只能在一旁观看别人的活动，你的感觉是什么？

【注意事项】

- 活动规则可以有所变化。
- 进化动物可以是其他不同的动物。
- 活动也可以分组进行。

 活动设计【2】大风小风吹

【活动目的】

消除学生的紧张感，营造轻松愉悦的氛围；训练学生的注意力。

【活动步骤】

1. 教师介绍规则，强调安全注意事项。当教师喊"大风吹"时，同学们要问"吹什么"，老师回答（老师回答的内容是部分同学所共有的特点，比如运动鞋、发型等）。所有不符合条件的同学原地不动；符合条件的同学紧随教师的话音一落，马上彼此交换位置坐下来；最后一个坐下的为输。

2. 当老师喊"小风吹"时，同学们要问"吹什么"，老师回答某特征。所有符合条件的同学原地不动，所有不符合条件的同学紧随老师话音一落，马上彼此交换位置坐下来，最后坐下来的为输。

示例：

老师："大风吹。"（或"小风吹。"）

学生："吹什么？"

老师："吹穿白色运动鞋的人。"

3. 请学生回到原来的位置，讨论并分享活动感受。

【注意事项】

- "吹"的内容根据学生的特点来设定；
- 此活动较激烈，要选择开阔场地，在教室内时应撤开书桌，同时在游戏开始前与学生交代注意安全的事项。
- 要求学生坐下来大致 3～4 秒，开始新一轮"吹风"，时间间隔不宜过长。

 活动设计【3】大树与松鼠

【活动目的】

活跃团队气氛，调动学生的积极性，启发学生的思维，为后面的主题活动或培训课程热身。

【活动步骤】

1. 3 人为 1 组，第一轮由学生自愿选择分组。从班级中随机选出 1～2 名观察员，他们的工作是观察是否有同学未按规则活动，以及活动中发生的一些有趣的细节。

2. 小组 3 人中，2 人扮"大树"，面对面站立，伸出双手，相互拉着围成一个圆圈，剩余 1 人扮"松鼠"，站在同组队友用手围成的圆圈内。

3. 主持人和分组后剩余的学生作为临时人员。

4. 当主持人喊"大树"时，所有扮演"松鼠"的同学原地不动，扮演"大树"的同学必须离开原来的同伴，重新组合成一棵新的"大树"，并围住另一只"松鼠"。

5. 当主持人喊"松鼠"时，所有扮演"大树"的同学原地不动，扮演"松鼠"的同学必须离开原来的"大树"，重新选择其他的"大树"。

6. 当主持人喊"地震"时，扮演"大树"和"松鼠"的同学必须全部打散并重新组合，这一回，角色可以互换，扮演"松鼠"的同学可以扮演"大树"，扮演"大树"的同学也可以扮演"松鼠"。

7. 在（6）的过程中，主持人和临时没有成组的同学可以插入队伍当中，打乱原先的组合。

8. 主持人口令喊完后 15～20 秒，没有成组的同学需表演节目，表演完后成为临时人员，继续下一轮的游戏。

9. 游戏结束后讨论并分享以下问题：
● 怎样使自己尽快地与他人组成新的小组，而不成为未成组人员？
● 这个热身游戏带给我们怎样的思考和启发？

【注意事项】

● 需要在宽阔安全的场地进行活动。
● 表演节目不宜过长。

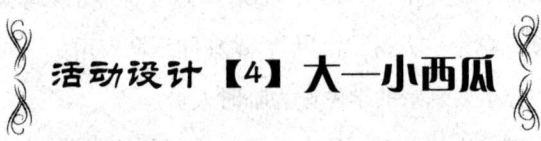

活动设计【4】大—小西瓜

【活动目的】

旨在尽快让成员集中注意力，融入活动，活跃团体气氛，为后面的主题活动作好准备。

【活动步骤】

1. 从第一个同学起依次说"大西瓜""小西瓜"、"大西瓜"……并且要一边说，一边比（如果说的是"大西瓜"，说的同时两手抬起，虎口相对，比作小的样子；如果说到"小西瓜"，则两手拉开，比作大的样子（即说大比小、说小比大）。
2. 全班同学按照老师指定的顺序，一个小组一个小组开始进行。
3. 每个小组最先出错的同学为输。

【注意事项】

- 相邻同学之间游戏反应时间不得超过 0.5 秒。
- 失败的同学上台介绍自己并表演才艺，或指派其他工作。

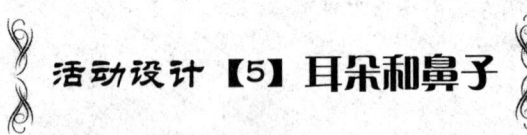

活动设计【5】耳朵和鼻子

【活动目的】

破冰热身，活跃气氛，使学生尽快投入活动。

**【活动步骤】**

1. 教师发出口令,学生根据教师的口令作出相应的反应。
   比如:教师说"右手、鼻子!"大家用右手捏住鼻子。
   　　　教师说"双手、耳朵!"大家用双手拉住双耳。
   　　　教师说"右手、耳朵;左手、鼻子!"大家用左手捏住鼻子,
   　　　右手拉住左耳朵。
2. 教师可以先慢慢说出口令并领做,之后,逐步加快语速,并且无规律地说出口令,发现谁做错了,要及时地指出,并让其表演节目。

【注意事项】

- 教师口令快慢应适中;
- 教师应熟练掌握游戏的规则。

活动设计【6】哼哈请接招

**【活动目的】**

活跃气氛,打破防卫心理,消除拘谨情绪;增强小组成员之间的熟悉度和亲密感;引导学生突破自我,大胆展示自我。

**【活动步骤】**

1. 请每位同学设计一个个性动作来代表自己,可以结合头部、手部等部位动作来设计。
2. 请同学们在小组内部依次展示并介绍自己的个性动作。同时记住组内其他同学的个性动作。这一步骤各小组同时进行。
3. 每位同学配上口令"哼哼哈",再一次在组内依次展示自己的动作。

具体展示的方法：嘴里念"哼哼哈"，第一个"哼"，双手同时拍打大腿一下；第二个"哼"，双手拍打大腿一下；最后一个"哈"，做出自己的动作。同时再一次记住组内其他同学的个性动作。

4. 游戏开始后（可各小组同时开始），小组成员一起喊，做四遍"哼哼哈"，前两遍"哼哼哈"是预备阶段，全体统一拍打自己的大腿，"哈"时也是拍打大腿，不做个性动作。后两遍"哼哼哈"要加上个性动作。第三遍"哼哼哈"，由指定的第一位同学首先开始做他的个性动作，"哼哼"时仍旧拍大腿，在"哈"的时候做出自己的个性动作；其他成员仍旧拍打大腿。第四遍"哼哼哈"，"哼哼"的时候全体拍大腿，"哈"的时候该同学做出组内某一位同学的动作，即发出"接招邀请"；其他成员仍旧拍打大腿。

5. 被"接招邀请"的同学接招，做自己的个性动作展示。全组一起喊，做两遍"哼哼哈"，第一遍"哼哼哈"，"哼哼"的时候全体拍打大腿，"哈"的时候该同学做自己的个性动作；其他同学仍旧拍打大腿。第二遍"哼哼哈"，"哼哼"的时候全体拍打大腿，"哈"的时候该同学做出组内某一位同学的个性动作，发出下一个"接招邀请"；其他成员仍旧拍打大腿，同时提高注意力，随时准备接招。

6. 老师注意观察，各小组所有成员都轮流展示至少一遍后，可结束游戏。

7. 小组进行讨论和分享。
- 你记住了几个同学的动作？你为什么记住了他们的动作？
- 你一共收到了几次接招邀请？对此你有什么感受？

【注意事项】

- 讲清楚规则，约束好纪律；
- "哼哼哈"作为游戏口号，贯穿游戏始终；
- 如果有人出错，小组全体成员动作不停下来，继续"哼哼哈"。

活动设计【7】 反应一二三

【活动目的】

该游戏简单,易于操作,可用于活动课前的热身,使学生尽快从课间的喧闹状态进入安静的学习状态。

【活动步骤】

1. 老师宣布游戏规则:
- 所有学生严格按老师的拍手声操作。当老师拍"一"次手时,所有学生要做双手摸头动作,当老师拍"两"次手时,所有学生要做双手摸膝盖动作,当老师拍"三"次手时,所有学生要做双手摸嘴巴动作(注:老师在宣布规则的同时做好示范)。
- 游戏分两部分,第一部分为练习,让大家熟悉游戏的操作,老师的拍手声从"一"到"二"再到"三",依次循环;第二部分为比赛,老师的拍手声为"一"、"二"、"三"混合搭配,随机选择,所有学生需要在最短的时间之内做出与拍手声相对应的动作。
- 老师拍手六次为一轮,一轮结束后,以组为单位,负责监督的学生报告参加游戏的学生在这一轮的错误数,参加游戏的学生做与错误数相同的俯卧撑(女生可以做原地跳等简单动作)。

2. 学生们以组为单位"1"、"2"报数。

3. 报"1"的学生参加第一轮游戏,报"2"的学生负责监督并检查、统计报"1"学生的错误动作数。

4. 一轮结束后,角色互换,报"2"的学生参加游戏,报"1"的学生负责监督。

5. 讨论并分享以下问题:
- 怎样可以顺利地完成该游戏而不被惩罚?

- 这个游戏带给你怎样的思考和启发？

【注意事项】

- 热身前学生需要稍作练习。
- 该游戏应随机分组。

 活动设计【8】快乐抓快乐

【活动目的】

- 活跃团体气氛，放松身心，消除防卫心理。
- 引导学生觉察和体会不同的情绪。
- 让学生集中注意力。

【活动步骤】

1. 每位同学先伸出自己的左手手掌，放于身体左侧，掌心朝下；
2. 再竖起自己的右手食指，放在身体右侧右边同学的左手手掌下，指尖抵住手掌心。
3. 当听到"快乐"这个词时，同学们的左手要飞快地抓住手掌下面的手指，同时自己右手的食指要飞快地逃开，不能被别的同学的左手抓住。

游戏指导语：

　　有一首非常好听的歌叫《快乐崇拜》。我很想问一下大家，今天你快乐吗？生活中总有一些意想不到的事发生，有时让你烦恼，有时给你快乐。在今天快节奏的生活中，让我们记住境由心造的道理。因为快乐其实是可以自己选择的，遇到事情懂得换个角度看问题的人会快活到老。

4. 请各小组讨论并分享以下问题：

- 你抓住了几次快乐？
- 你被抓住了几次？
- 你现在的感觉如何？
- 游戏过程中你都产生过哪些情绪？
- 你还有什么感悟？

 【注意事项】

- 注意秩序，要保证活动开展的有序和学生的安全；
- 活动指导语可根据主题不同而修改，也可加入辨别词汇以加强趣味性。

 活动设计【9】马兰花儿开

 【活动目的】

本游戏适合新组建班级成员之间相互熟悉、打破同学间的陌生感和尴尬感，帮助学生消除拘谨情绪，增进沟通，为继续开展活动作准备。

 【活动步骤】

1. 老师随机击鼓念口诀"马兰花儿马兰开"。
2. 学生回应："怎么开？"
3. 老师回答开几瓣（数目由老师决定）。学生要做出相应的动作："一瓣"单人双臂抱胸前，"两瓣"双人手牵手，"三瓣"三人围成圈，"四瓣"四人手拉手……
4. 先试练一下再开始。
5. 游戏结束并讨论分享：
- 请说出当你被同学排挤出圈外时的感受。
- 请说出你主动退出圈外的想法。

- 请说出你成功围圈的经验和感受。

【注意事项】

- 活动前讲清规则，划分区域，提醒学生注意安全。
- 注意分享，关注每一个参与的学生。
- 游戏要在指定的圈内完成，围错了人数和走出圈外的都要表演小节目。

 活动设计【10】拍七看反应

【活动目的】

适合在"气质"、"性格"等主题课中作为导入活动，以活跃气氛。

【活动步骤】

1. 学生根据座位，两列为一组，首尾相连，围成一个圆。
2. 指定一个学生作为报数的开头人。
3. 由老师开始随机报一个 35 以下的数字，学生按自然数顺序往下接，轮到以 7 结尾如 7、17，或者 7 的倍数如 14、21 的同学不报数，以拍掌代替，如：A 报 6，B 拍掌不报数，C 报 8……看哪个小组接的数字最多。

【注意事项】

- 可以分组进行，也可以全班一起进行。
- 错的同学接受特定的惩罚。
- 可以适当地增加难度，具体规则由老师自己决定。

活动设计【11】人际大富翁

【活动目的】

- 消除学生之间的隔阂。
- 体悟到被接纳的感觉和团体温暖。

【活动步骤】

1. 教师站在讲台上,让学生依次抽取动作卡片。

    动作卡片的内容:"和我握手"、"和我比比看谁跳得高"、"帮我捶捶背"、"帮我倒杯水"等。动作卡片可以重复,但是每张卡片都要有互动的动作要求,也可以是由多人一起参加的动作,比如"找10个人跑一圈"、"从我开始依次和所有的人握手""从我开始,分别与10个人拥抱"……所有的卡片当中,有一张写着"恭喜,就是你,从你开始"。

2. 卡片抽取完后,学生归位,请那个拿着"恭喜,就是你,从你开始"卡片的学生举手示意。

3. 该生第一个掷骰子,然后根据骰子上面的数字,顺时针走到相应的同学面前。

4. 走到正确的位置后,掷骰子的学生需要看该学生手上的卡片上写的动作要求,然后按照卡片上的要求,做相应的动作。

5. 动作完成后,两个学生交换卡片,拿到"恭喜,就是你,从你开始"卡片的学生掷骰子,继续活动。

6. 当学生基本上都轮过一遍时,结束活动。

7. 讨论与分享(活动结束后,教师随机选、一些学生回答下面的问题):

- 和一个你不是很熟悉的人握手时,你有什么感觉?
- 轮到你掷骰子的时候,你的心情怎样?

- 当你按要求做完规定的动作之后,有何体会?

【注意事项】

- 设计的动作尽量不要太复杂,也不要难以完成;
- 用于异性团体时,尽量避免过多肢体接触的动作,以免引起学生的抗拒;
- 可以设计将动作与骰子相联系,不同数字代表不同的动作。

活动设计【12】唐老鸭送信

【活动目的】

活跃气氛,融洽感情。

【活动步骤】

1. 每组抽一个同学作为小助理,负责计时(可以用学生的手表计时)以及监督游戏过程中的违规情况。
2. 教师发给每小组一张扑克牌。
3. 从排头开始,第一个同学先用鼻孔和上嘴唇夹住扑克牌。
4. 教师发令后,第一个同学原地旋转一圈,将扑克牌传递给第二个同学。
5. 第二个同学用同样的方式将扑克牌传递给第三个同学。
6. 如此进行下去,先将扑克牌传递到队尾的组为胜者。

要求:用鼻孔和上翘的上嘴唇把扑克牌夹住不掉,掉了的就算输了。

【注意事项】

- 有的人因生理上的原因,难以用鼻孔和上嘴唇夹住卡片,应对其进行安慰;
- 不仅自身动作要协调一致,还要与组员之间密切合作;
- 男生与女生分开分组。

活动设计【13】桃花朵朵开

【活动目的】

活跃气氛，消除同学间的心理隔阂。

【活动步骤】

1. 教师喊"桃花桃花朵朵开"，学生一起大声回应"到底开几朵？"
2. 教师随即报出一个数字，例如，"桃花桃花5朵开"，学生则要以最快的速度在周围"抓"人凑齐5个人，手牵手，蹲下来围成一个圈，形似"桃花"。老师也可说"桃花桃花10朵开，而且必须有雄花（或雌花）"，此时学生要马上凑齐10个人，而且一定要有男生（或女生），然后手牵手蹲下来围成"桃花圈"。
3. 没有及时组成圈的学生以及圈中人数不对的，要接受惩罚。惩罚措施是出来表演"桃花朵朵开"："我在这儿等着你回来，等着你回来看那桃花开。"（老师可示范一下）。
4. 小组分享：热身活动后的心情和感受（教师巡回获取学生的信息，了解他们的真实感受）。

【注意事项】

- 鼓励学生回应时声音洪亮，整齐一致；
- 如果一开始没有达到要求，教师可多喊几遍"桃花桃花朵朵开"；
- 老师要清楚班上共有多少人参加了游戏。

活动设计【14】外星人来啦

【活动目的】

- 活跃团体气氛,舒展身体。
- 缩小学生之间的空间距离和心理距离。
- 分享团体沟通和合作的过程。

【活动步骤】

1. 划定游戏的活动区域。活动区域的大小根据班级人数来定,一般有教室大小就够了。活动期间,地球人在躲避外星人的追捕时,不能超过活动区域的界限。
2. 随机选出两个学生做志愿者当外星人(建议选择同性的学生)。在活动过程中,超出活动区域的学生,自动变成外星人。
3. 教师将事先准备好的充气塑料棒发给外星人。
4. "外星人"把手拉在一起,空着的手拿大棒,用充气的大棒可以触碰任何其他学生,但是拉着的手不能松开。
5. 大棒碰到学生时,外星人说"乌拉乌拉",被碰到的学生就变成了外星人。这时候,有两个方式可供选择:一是被触碰变成外星人的学生到指定地点休息,这样可以降低活动难度,节约活动时间;二是变成外星人的学生和外星人牵手,共同完成捉地球人的任务。
6. 当所有的学生都被触碰变成外星人时候,活动结束……
7. 讨论与分享:
   - 当你变成外星人的那一刻,你的感受是什么?
   - 为什么外星人越多,完成任务越困难?
   - 手拉手去完成任务,你有什么感觉?

**【注意事项】**

- 充气棒只能轻轻触碰其他学生，点到为止；
- 用于异性团体时首先要保证学生之间不排斥肢体接触。

**【活动目的】**

热身，活跃气氛，促进相互认识。

**【活动步骤】**

小组成员站成一个圆圈，以"滚雪球"方式依次进行自我介绍。第一人介绍自己的籍贯、宿舍、性格特点、姓名（比如："我是来自××地方的××宿舍的××的×××"，性格特点以一两个词来简要概括即可）；第二个人重复第一人的情况，再介绍自己；第三人重复介绍前两人，再介绍自己；依此类推，最后一人需复述所有人的情况，最后介绍自己。

1. 自愿产生或者由教师指定各组一名学生首先开始自我介绍，并由其主持本小组活动。在进行自我介绍的时候要在自己的名字前面加上一些能表现自己特点的形容词，比如我是喜欢唱歌的A、我是爱笑的B等。

2. 后面的小组成员以"滚雪球"的方式依次介绍自己（方向是逆时针还是顺时针由学生自己决定）。

3. 每个小组推举一名成员把本小组的成员介绍给大家。可不断变换分组，交叉认识。

【注意事项】

- 活动规则要讲解清楚，最好能够提前列出或用多媒体展示。

- 提醒完成任务的小组举手示意。
- 有条件可在活动过程中播放背景音乐，以活跃气氛、放松心情。

活动设计【16】 五毛和一块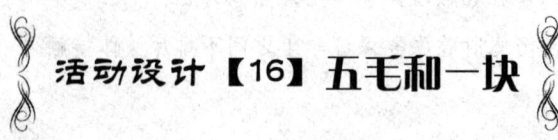

【活动目的】

创设氛围，调动情绪。

【活动步骤】

1. 先说明游戏规则：
- 男生代表1块钱，女生代表5毛钱。
- 老师报出金额（如3块5、5块或8块5），学生要迅速组合抱团，抱团者组合代表的金额与老师报出的金额一致才算成功闯关。如"3块5"就需要3男1女或2男3女、1男5女、7女之类的小团队。
- 游戏时人员很少有机会能正好分配，动作慢的可能会抱团不成功；
- 当然动作快的不要一味"抢"人，有可能裁判叫的是3块5，但你们团队已经变成5块了，这时候就需要"踢"人了。
- 闯关失败者不得参加下一回合，并接受惩罚（表演节目，若不会，可做上下蹲、学青蛙叫或青蛙跳）。

2. 教师说完规则后可宣布游戏开始。

3. 小组分享：热身活动后的心情和感受。例如：被"抢"时的感受，被"踢"时的感受等。

【注意事项】

- 本游戏可能会引起一些较内向的学生的不适感，教师应细心观察，注意保护学生的自尊心，以积极视角帮助学生处理受挫情感。

- 本游戏也可用于团队建设活动，可能出现的小团体宁愿输也不"踢"人的团队意识给学生启发。

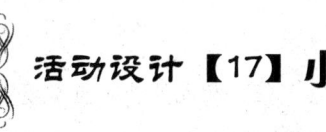

活动设计【17】小青蛙跳水

 【活动目的】

- 活跃课堂气氛，让学生快速投入到课堂中来。培养学生的注意力以及团队配合能力。

 【活动步骤】

1. 每个小组推选一名组长，作为本小组的游戏组织者。
2. 向学生宣布游戏规则：

游戏以小组为单位进行，看哪个小组在2分钟内数的青蛙最多。

每个小组从组长开始，每个学生说两个字，依次是：

"1只""青蛙""跳进""水中""扑通"；

"2只""青蛙""跳进""水中""扑通""扑通"；

"3只""青蛙""跳进""水中""扑通""扑通""扑通"

……

照此类推，循环下去，数到几只青蛙，就"扑通"几声。

如果有同学中间说错，比如数到5只青蛙时，有同学出现了错误，那就需要停下来，这一轮就不算数了，必须重新从"5只""青蛙""跳进""水中"开始往下数。

简单说，游戏口诀就是"N只+青蛙+跳进+水中+N个扑通"。

3. 开始做游戏（教师负责计时以及维持游戏现场的纪律）。
4. 游戏结束后，教师统计并当场公布各小组竞赛结果，评选出优胜小组。
5. 讨论及分享：

- 你对本组的表现满意吗？为什么？
- 你对这个游戏活动有怎样的思考和感悟？

【注意事项】

- 提醒各小组成员一定要诚实守信，相互监督，自觉遵守游戏规则；
- 一定要宽容地对待出错的同学，杜绝指责、谩骂；
- 统计竞赛结果时，应避免小组间因在意竞赛结果而起哄。

活动设计【18】学唱小白兔

【活动目的】

热身，破冰，活跃气氛。

【活动步骤】

1. 把儿歌《小白兔》念一遍给学生听。儿歌的内容是：

小白兔呀/小白兔呀/红红眼睛/白皮毛/我把萝卜/送给你呀/你陪我玩/好不好？

2. 教唱一遍，同时加上动作。

3. 开始游戏：领导者带念歌词并提示动作。

（将歌词内容与相应肢体动作在黑板上简单列出或口头讲解清楚。）

两手手指伸成 V 字形，放在两耳际。

小白兔呀→头向左摆

小白兔呀→头向右摆

红红眼睛→两手在眼前晃，手指仍然成 V 字形

白皮毛→右手刷刷左手臂

我把萝卜→两手合画一个大圆圈

送给你呀→送出去

你陪我玩→用右手臂勾右边人的头

好不好→左手搓搓对方的头

4. 游戏结束,大家一起分享做游戏的感受。

【注意事项】

- 正式游戏时,每一次念歌词时都要加快语速,才能使团体气氛一路提升;
- 活动过程中教师要多提醒、多关注,尽量避免突发状况,确保学生安全;
- 本游戏可稍微改变形式,两两配对,也适用于亲子活动。

活动设计【19】雨点变奏曲

【活动目的】

热身,活跃气氛,欢迎来宾。

【活动步骤】

1. 教师宣布规则:等会儿老师会讲一个故事,当同学们听到起风的时候,请大家做擦掌的动作,当听到雷声时,请请大家做跺脚的动作;听到小雨时,请大家做打响指的动作。听到中雨时,请大家做拍大腿的动作。听到大雨时,请大家做鼓掌的动作;听到暴雨时,请大家鼓掌加跺脚。

2. 开始游戏

教师讲故事《雨点变奏曲》,故事中包含上面提到的各种响声,教师边讲故事,学生边做动作。故事如下:

周末放假了,我们全家一起出外游玩,好惬意啊!突然,起了一阵风,乌云密布,一道闪电划过,雷声轰隆,又一阵狂风,又一阵雷声(要有渐强渐弱的变化，下同），小雨噼噼啪啪地下起来了，行人慌忙躲避；很快地，小雨变成了中雨……变成了大雨……又是一阵雷声，暴风雨来啦！又是一阵雷声，大雨倾盆，雨渐渐地变小了，变成中雨，变成小雨……一阵又一阵雷声，大雨又降临了！但仅仅一会儿，（教师双手猛地一收）雨过天晴啦！

3. 游戏结束，请同学们分享游戏体验。

【注意事项】

- 要求学生配合的肢体动作要提前列出；
- 教师与学生一起做动作，以起到提示与带动作用；
- 讲故事的语言应生动活泼。

活动设计【20】掌声响起来

【活动目的】

通过对实际和估计的鼓掌次数进行比较，使学生认识到自己往往低估了自己的能力，从而引出相关话题的展开，诸如自我期待、树立自信、开发潜能等。

【活动步骤】

1. 分发"一分钟鼓掌次数记录表"，每人一份。

第一次估计鼓掌次数		第二次估计鼓掌次数	
第一次实际鼓掌次数		第二次实际鼓掌次数	
第一次的差距		第二次的差距	

2. 指导语：请同学们想象一下，此刻站在前面的是你心中的偶像，他正在向你走来，打算和你合影，你非常激动，拼命地鼓掌。好了，我们的游戏正式开始，首先请同学们估计一下，你在一分钟内的鼓掌次数，不要

过多思考，将第一个进入你脑海中的数字填在表格里。

3. 练习：下面，见证奇迹的时刻就要到了，请同学们作好准备，我们一起来实际测一下,看看你的估计准不准。注意鼓掌时双手的距离不必过大，大约3～5厘米就可以了，大家先试一下。

4. 游戏开始：大家都明白了这个游戏规则了，下面正式开始。我喊"开始"的时候，你们就用自己最大的力气和最快的速度鼓掌，并默数自己鼓掌的次数。好，倒计时开始，5—4—3—2—1—开始，鼓掌……（教师用秒表计时。5秒钟之后，通常学生会感觉疲劳，教师要用"加油""快""再快一点""努力"等话语鼓励学生。）

5. 游戏结束（鼓掌时间到10秒钟时，教师要果断喊"停"）。指导学生把10秒内鼓掌的次数乘以6，并将这个数字填在表格里。

6. 请学生比较自己预测的数据和实际测试的数据之间的差距。

7. 重测：如果我们再做一次这个游戏，大家估计一下，这回你能鼓掌多少次呢？将数据填在表格里。大家作好准备，我喊"开始"的时候，你们就用自己最大的力气和最快的速度鼓掌，并默数自己鼓掌的次数。（重复步骤4、5、6）。

8. 讨论分享：对比前后的数据，你有什么发现？它给你什么启示？

【注意事项】

- 重点是引导学生对自己估计的数据和实测的数据之间的差距进行反思。
- 针对不同主题，可从不同角度进行引导、启发。

第二章　小组形成类

活动设计【21】穿越生死网

【活动目的】

- 认识什么是团队和团队精神，理解团队信任、团队合作的重要性，并学会合理利用与分配团队资源，与团队成员相互支持、分工协作，共同实现团队目标。
- 通过团队合作、互相配合穿越生死网的形式让学生领会团队精神。
- 小组成员在一起完成团队目标的过程中，感悟团结的力量，懂得"一人知识有限，众人智慧无穷"；增强同学之间的信任感和凝聚力。

【活动步骤】

用绳子在两棵树中间编制一个类似蜘蛛网的"生死网"，网上有大小形状不规则的十几个网眼（根据参加学生的人数和体形特征设置网眼，数目不能少于每组成员的人数），网眼的大小要适度，既能保证一个人穿过去，又不能太大，以60厘米×40厘米左右为宜。为了增加游戏的趣味性，烘托气氛，可以在网上挂上小铃铛做警报器。

1. 宣布游戏规则：

- 以小组为单位，在不触碰到网的情况下，全体队员相互配合，依次从网的一边穿到另一边。
- 每个网眼只能通过一个人，通过后即被封闭，这一组的其他成员将不能再次通过这个网眼，队员不得从网外来回换边。
- 通过网的唯一通道是未封闭的网眼，任何人任何部位均不得触网，包括头发和服饰。一旦触网，小铃铛报警，就代表任务失败，所在的网眼也将被封闭，触网队员算阵亡。
- 小组中所有成员全部穿越人数最多且用时最少的为优胜者。
- 注意游戏中的安全。队员被托起后，任何时候都不得将其抛起或者松手；放下队员时要先放脚，待其站稳后，托着的对员才能松手。

2. 以"手心手背"、"石头、剪刀、布"的形式决出各小组穿越"生死网"的顺序。
3. 按照顺序各小组依次穿越"生死网"（老师负责计时，其他组成员负责监督穿越的学生是否触网，同时注意保护穿越学生的安全）。
4. 穿越结束后，教师及时公布各小组穿越的时间，并评选出优胜小组。
5. 对优胜组颁发荣誉勋章——笑脸胸牌。
6. 小组讨论及分享：
- 当你被其他同学抬起后，你的感觉如何？通过后的心情怎样？
- 游戏中最困难的是什么？你们是如何克服的？
- 你们组成功（或失败）的原因是什么？
- 你对今天的穿越活动有怎样的思考和感悟？

请各小组派一位代表上台分享。

【注意事项】

- 游戏中注意学生的安全；
- 在学生安全通过网后，教师提醒负责抬的学生先放脚，再放头；
- 教师应在学生少的一侧参与保护。

活动设计【22】独特小组秀

【活动目的】

- 认识和发现团队的共性，形成团队的标识和精神。
- 将全班分为若干个小组，以便于加强班级成员间的了解，促使新同学找到归属感，更好地适应新环境，并在活动中充分展现自我。

【活动步骤】

1. 进行一次报数，从 1 开始报数，1、2、3、4、5、6、……请学生记住自己所报的数。

2. 请所有同学根据自己刚才所报的数的尾数确定自己属于哪个小组。

   - 尾数为 0 的是第一小组；
   - 尾数为 1 的是第二小组；
   - 尾数为 2 的是第三小组；
   - 照此类推。

3. 请所有学生在最短的时间内汇聚在所属小组，聚集最快的小组成员期末将获得 1 分的加分。

4. 通过刚才的活动每个小组都组成了一个新的小家庭，既然是一个家，家庭成员间就要相亲相爱，有统一的名字、口号和领头人，现在让我们一起来建设自己的这个新家。

5. 现在请每个同学在 10 分钟内确定本小组的小组长、小组名字、小组口号。要求如下：

   - 我们的组长是：××××（姓名全名）
   - 我们的组名是：××××之家（须精练、健康、积极、向上、动感）
   - 我们的口号是：××××。（须精练、健康、积极、向上、动感）

第二部分 心理活动 41

6. 小组展示：给每个小组 5 分钟的时间思考如何展示自己。所有成员都必须走到前台面对全体同学展示，高喊出小组长、小组名字以及小组口号。

【注意事项】

● 如果有同学无法融入小组，应及时干预和疏导；
● 小组展示过程中尽量让每个小组都喊出精神，振奋人心。

 活动设计【23】结缘大拼图

【活动目的】

同活动设计【22】。

【活动步骤】

1. 给每个学生发一块从一幅图画中剪下的一块，请每一位同学记住自己的这块剪角。

 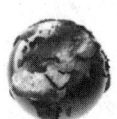   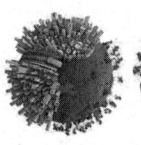  

第1幅　　第2幅　　第3幅　　第4幅　　第5幅　　第6幅　　第7幅

2. 图画数就是所要分成的小组数，而每位同学手中的剪角就是分组的线索，请所有学生快速找到自己所在的小组，并以小组为单位集中在一起。
3. 同活动设计【22】中步骤 5、6。

【注意事项】

● 本活动也可采用学生感兴趣的图片；

- 避免在活动时出现嘲笑或侮辱同学的情况。

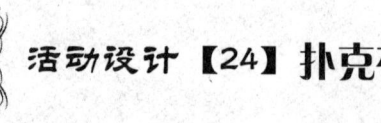
活动设计【24】扑克有乾坤

【活动目的】

同活动设计【22】。

【活动步骤】

1. 给每个学生发一张扑克牌（大小王去掉），请他们记住自己的扑克牌。

2. 请所有学生根据自己的扑克牌的花色确定自己属于哪个小组。

- 红桃的是第一小组；
- 黑桃的是第二小组；
- 方片的是第三小组；
- 草花的是第四小组；

3. 请所有学生在最短时间内集中在所属小组。

4. 同活动设计【22】步骤5、6。

【注意事项】

- 根据学生人数灵活选取"花色"或"数字"进行分组；
- 活动中及时了解与观察学生的情绪体验；
- 避免出现侮辱与嘲笑同学的情况。

活动设计【25】巧接生日龙

【活动目的】

同活动设计【22】。

【活动步骤】

1. 让学生以生日的大小（要不要考虑年份由教师决定）为线索从小到大排列。

    注意：在活动过程中，要求全体学生不能说话，只能通过手势等来传递信息。

2. 教师核查有没有错误。
3. 分析讨论出错的原因，并让出错的学生出列表演节目。
4. 请学生从1到7（具体分成几组由教师确定）报数。
5. 报了相同数字的学生为一组迅速地集中在一起。
6. 同活动设计【22】步骤5、6。

【注意事项】

- 应对无法融入小组的同学及时进行干预和疏导；
- 避免在活动时出现嘲笑或侮辱同学的情况。

活动设计【26】图画接力赛

【活动目的】

同活动设计【22】。

【活动步骤】

1. 进行一次报数，从1到7报数，请每个学生记住自己所报的数字。
2. 请相同数号的同学迅速聚集到一起，组成新的小组。
3. 请各小组选出自己的组长、给自己的小组取个名字、提出小组口号、制定小组契约。
4. 请各小组组长上台领取物品：
- 1张0号图画纸。
- 1套油画棒或水彩笔。
- 一盒图钉或一卷胶带。
- 签字笔1支。

注意：各组成员在限定的时间内，通过充分讨论，各自发挥想象力，轮流接力完成图画，图画必须是团体合作的结果。

5. 同活动设计【22】步骤5、6。

【注意事项】

- 在分组过程中，如果有同学有异议，组织者可适当进行调整；
- 组长应带领组员互相了解，才能更好地开展相关的活动；
- 活动中应防止小组成员各执己见而耽误时间。

第二部分 心理活动 45

活动设计【27】兴趣大集合

【活动目的】

- 根据兴趣分组，使学生能够尽快地了解并熟悉班内同学，并找到兴趣相投的朋友。
- 让相同兴趣的人结为一个小组，有助于增强兴趣的稳定性。
- 通过活动使学生体验寻找到兴趣相同的同学的喜悦感，可以尽快地消除他们对新环境的陌生感，能够更快地适应新环境。

【活动步骤】

1. 把设计好的兴趣表格发给学生，请他们写上自己的姓名和学号，在最喜欢的活动下面打"√"。如果选择"其他"的同学必须把具体项目写出来。注意：每人只能选一项。选好后双手把表格举在胸前。

班级：		姓名：		学号：		
游泳	旅游	绘画	篮球	唱歌	其他

2. 迅速找到与自己兴趣相同的同学，组成小组并排队站好。
- 游泳组报数1、2、3……
- 旅游组报数1、2、3……
- 绘画组报数1、2、3……
- 篮球组报数1、2、3……
- 唱歌组报数1、2、3……
- 其他组报数1、2、3……

如果各组人数出入过大，教师可以根据实际情况调整，使每组的人数均匀。

3. 各组选出组长并给小组取名，要求组名必须是以"心"字为开头的成语，如"心心相映"组等。

4. 小组展示：给每个小组5分钟时间思考如何展示自己。所有学生都必须走到前台面对全体同学展示，用自己的方式向大家介绍所属小组的小组长、小组名字。

【注意事项】

- 要求在寻找与自己兴趣相同的组员时动作要迅速；
- 如果有个别小组人数太少可适当调整；
- 可以根据班里的人数适当增加一些兴趣项目。

活动设计【28】有缘结同心

【活动目的】

- 体会与同伴沟通；
- 学做团报；
- 借助拼图游戏，在完成一个完整心形图案的拼接过程中，找到团队归属感。

【活动步骤】

1. 准备一些红色的吹塑纸，并用剪刀将其剪成若干个较为标准的心形图案（心形图案可剪成16开纸大小）。

2. 每组分得一个心形图案，根据小组人数的多少将心形图案剪成不规则的若干块。例如，班上共有50名学生，如将全班学生分成6个6人组、2个7人组，就将心形图案剪成6个6小块和2个7小块的。但必须要注意，每剪完一个心形图案，应先单独将其放在一边，在每一块的背面用笔轻轻地画一个统一的符号

作为区分的标记,以免混淆,如:

第一个心形图案剪成几块后,可在每一块背面依次写上"△1"、"△2"……

第二个心形图案剪成几块后,可在每一块的背面依次写上"◇1"、"◇2"……

第三个心形图案剪成几块后,可在每一块的背面依次写上"★1"、"★2"……

3. 最后将所有的心形拼图混合在一起。

(1) 学生依次抽取"拼图卡片"。

(2) 学生离开座位去寻找同组成员。

(3) 组员聚齐后,大家齐心协力共同拼出心形图案。

(4) 拼图完成后,让学生分享找到队友、完成心形图案的感悟。

(5) 各组成员选出本小组组长并给小组取一个响亮、有特色的名字,共同制定本小组的口号和团队契约,并结合这些信息进行设计,绘制出团报,要求团报凸显小组的特色。

(6) 小组展示:10分钟后,各小组组长负责向大家具体介绍本组的名称、团队契约等,并要清楚说明小组名称的由来或寓意,同时由另一名组员向大家展示小组绘制的团报。最后小组成员共同大声喊出小组的口号。

【注意事项】

● 拼图完成后的学生分享环节,要照顾到不同类型的学生;
● 课后根据各小组上交的团报,及时整理好各小组基本信息。

活动设计【29】万能分组法

【活动目的】

使学生通过活动体会到主动沟通的重要性以及在团队活动中主动寻求合作的必要性，主动参与有助于他们获得归属感。

【活动步骤】

1. 由教师课前准备好四类小纸条，下面以语文内容为例。

唐诗	李白	蜀道难	宋词	苏东坡	赤壁怀古
唐诗	李白	蜀道难	宋词	苏东坡	赤壁怀古
唐诗	李白	蜀道难	宋词	苏东坡	赤壁怀古
唐诗	李白	蜀道难	宋词	苏东坡	赤壁怀古
唐诗	李白	静夜思	宋词	苏东坡	明月几时有
唐诗	李白	静夜思	宋词	苏东坡	明月几时有
唐诗	李白	静夜思	宋词	苏东坡	明月几时有
唐诗	李白	静夜思	宋词	苏东坡	明月几时有
唐诗	杜甫	石壕吏	宋词	李清照	如梦令
唐诗	杜甫	石壕吏	宋词	李清照	如梦令
唐诗	杜甫	石壕吏	宋词	李清照	如梦令
唐诗	杜甫	石壕吏	宋词	李清照	如梦令
唐诗	杜甫	垂老别	宋词	李清照	声声慢
唐诗	杜甫	垂老别	宋词	李清照	声声慢
唐诗	杜甫	垂老别	宋词	李清照	声声慢
唐诗	杜甫	垂老别	宋词	李清照	声声慢

2. 活动前，每个学生随机拿到一张小纸条。

   (1) 每个学生手上都有一张小纸条，现在按纸条上第一格的内容分组。（按唐诗、宋词分2组）

   (2) 学生下位去寻找队友。

   (3) 各组成员聚齐后，介绍自己并分享找到队友的感悟。

   (4) 再按照纸条上第二格的内容进行二次分组（按作者分为4组），步骤同（2）、（3）。

   (5) 再按照纸条上第三格的内容进行第三次分组（按作品分为8组），步骤同上。

   (6) 最后分成4个小组，各组选出组长并给小组取一个响亮、有特色的名字，共同制定本小组的口号和团队契约，确定本组的组歌，展示本组的队形。

   (7) 小组展示：20分钟后，各小组组长负责向大家介绍本组的名称、团队契约等，并要向大家讲清楚小组名称的由来或寓意，最后小组成员共同表演队歌及队形。

【注意事项】

- 活动前，教师强调分组找人时要迅速，可以用倒计时来活跃气氛。
- 前几次的分组可作为活跃气氛，把最终分组放到最后。
- 纸条的内容以及纸条上的格子数可根据课堂内容改变。

第三章 团队建设类

活动设计【30】超级链链接

【活动目的】

让学生了解集体团结的重要性,认识到班集体的团结需要每个同学的努力,学习与人团结协作。让学生在充分的参与和互动中感受集体的温暖和团结的力量。

【活动步骤】

1. 向全班同学宣读规则:

场地上划好起跑线和终点线,距离为30米;

- 每小组成员后边的同学左手抬起前边同学的左腿,右手搭在前边同学的右肩上形成小火车,最后一名同学单脚跳步前进,不能双脚着地;
- 各队队员必须跳步前进,不许松手,不许出现队伍断裂;
- 游戏开始时,各队从起跑线出发,跳步前进,最先到达终点线的为胜者,以各组最后一名同学通过终点线为准;
- 必须在规定的赛道进行比赛;
- 若出现违规者,队伍须整理好从起点重新开始游戏,否则成绩视为无效。

2. 开始超级链链接的活动。

3. 请各小组成员讨论以下三个问题:

你所在的小组获胜了吗?如果获胜了,你们是如何做到的?

如果没有,你觉得原因是什么?

在参加超级链链接活动中,你对小组的贡献是什么?

你对今天的超级链链接活动有怎样的思考和感悟?

4. 请各小组派一位代表分享。

【注意事项】

- 请所有学生整理着装,系好鞋带,注意安全。

【课后拾遗】

　　通过"超级链链接"这个简单活动,让我懂得了无论做什么事情都不能自以为是,要与同学团结合作,不仅如此,还应有一个负责的领导和组织者。俗话说:团结就是力量。我觉得一个班级如果没有团结配合,就是一盘散沙。不管遇到什么艰难,我们都要坚持到底,这样才能成功。

——西安交通大学附属中学　SD

活动设计【31】打开千千结

【活动目的】

　　了解问题解决需要思维的参与;学会积极应对困难、挫折。通过打开结的过程,让学生认识到解决生活中的难题需要彼此齐心协力。

【活动步骤】

1. 第一轮活动:

(1) 请已分好组的学生站到活动场地。

(2) 请各小组手拉手围成圈。

(3) 请每个学生首先记住拉自己左右手的两个人分别是谁,然后一齐都放开手。如 A 同学要记住刚才自己拉住的是左边的 B 同学和右边的 C 同学的手。

(4) 请学生们在刚刚围成的圈的大小范围内走动，要求把刚才的位置打乱。如 A 同学刚刚是站在 B 同学和 C 同学之间，现在要求 A 同学走动后既不站在 B 同学旁边，也不站在 C 同学旁边。

(5) 当所有学生位置都错开后，让走动的学生全停下来不要动。

(6) 请学生们再次手拉手，拉住在走动之前所拉的两个学生的手。如 A 同学两手要拉住 B 同学和 C 同学的手。

(7) 所有学生都手拉手后，小组里学生们拉住的手会形成一个个错综复杂的结。

(8) 拉住的手不能放开，可以用身体钻、转或用脚跨的方式，看能不能将结打开。

(9) 结打开，重新成为一个圈。

2. 第二轮活动：

(1) 将两个小组合并为一个小组，若有单独的一个小组可将小组成员随机分配到其他小组里。

(2) 请各小组围成圆圈。

(3) 请每个学生注意站在自己左右两边的两个同学是谁。

(4) 请每个学生伸出手开始拉手，除了自己左右两边的两个学生的手不能拉外，可以拉其他任意两个同学的手。

(5) 所有学生都手拉手后，小组里学生们拉住的手会形成一个错综复杂的结。

(6) 拉住的手不能放开，可以用身体钻、转或用脚跨的方式，看能不能将结打开。

(7) 基本上随着人数增多，打开结的难度会增大，有可能会出现"死结"的情况。如出现"死结"，教师可提醒学生，找出"死结"所处的位置，将促成"死结"的双手放开，然后找个合适的位置再把手拉上。接着再请学生继续用身体钻、转或用脚跨的方式，看还能否将结打开。若仍有"死结"，继续找出"死结"所处的位置，将促成"死结"的双手放开，然后找个合适的位置再把手拉上。直至将结解开为止。

3. 请各小组组长领取物品：

(1) "活动后感想"表格一张。

活动后感想

1. 在活动刚开始，面对一个个结，你认为能不能将这些结打开？
2. 当结打开时，你的心情如何？
3. 该活动对你的学习、生活有怎样的启迪？
   _____
   _____。

签名：_____

---

(2) 笔一支。

4. 分享

(1) 在小组组长的组织下，每组成员就《活动后感想》里的问题进行分享，组长将分享结果总结、记录。

(2) 请各小组组长将讨论结果与全班同学分享。

【注意事项】

● 可以根据实际情况设计不同的活动难度，人数越多难度越大。
● 活动场地应该开阔平坦，提醒学生注意安全。
● 解开结的过程中不能用蛮力，以免扭伤手臂。

【课后拾遗】

在活动中，牵起不相连同学的手，特别别扭，在打开结的过程中，我浑身上下都在扭啊、转啊。我有种不可能打开结的感觉。没想到一两分钟过去后，我们的手不再扭结了，我的信心很快就上来了。最后，终于将结打开了，似乎没我想象得那么难。生活中，我们也会碰到乱如麻的事，只要我们有耐心、仔细观察、随时调整，这些事也就自然理顺了。

——浙江省温州市灵溪中学　CBC

活动设计【32】领袖的风采

【活动目的】

知识与技能：让学生认识责任感的重要性并学会承担责任，同时学会换位思考。

【活动步骤】

《比赛结果记录表》（在白板上画出，可用于比赛过程中填写和打钩记录）。

轮数	比赛情况	甲	乙	胜方	负方惩罚	违规惩罚
一轮	是否犯错				甲： 乙： 10个	甲： 乙： 50个
	用时__分秒					
二轮	是否犯错				甲： 乙： 20个	甲： 乙： 50个
	用时__分秒					
三轮	是否犯错				甲： 乙： 40个	甲： 乙： 50个
	用时__分秒					
四轮	是否犯错				甲： 乙： 80个	甲： 乙： 50个
	用时__分秒					
五轮	是否犯错				甲： 乙： 160个	甲： 乙： 50个
	用时__分秒					

1. 在班上选出2名学生做计时员兼记分员，2名学生做监督员。老师作为裁判和流程引导者。将全班分为两队。

2. 每支队伍需要两名队长来带领团队，认为自己可以带领团队参与比赛并能够承担相应责任的同学可以参与竞选。

领袖要求：有强烈的进取心、信心和决心，有明确的目标，有行动力，有丰富的肢体语言，能调动队员情绪。

选出领袖：甲乙两队中愿意当队长的同学请出列，请候选人用一分钟时间向队员说明自己能胜任队长的原因，争取获取比较多的队员支持，发言之后请队员们站在自己支持的候选人身后，每支队伍产生一男一女两名队长。

两队队长握拳向所有人承诺：我承诺，在团队面临挫折、困难甚至失败的时候，我将负起100%的责任，绝不后悔。承诺人——×××（大声喊出自己的名字）。

3.宣布比赛规则：

- 每队从1开始报数，到50止，报数时声音要宏亮、清晰、准确。
- 队员不得抢报、错报、漏报，当出现抢报、错报、漏报时，监督员举手大声报告，停止报数。裁判宣布本轮比赛结束，判犯错方负，对方胜。
- 当两队顺利报完50，计时员登记时间（精确到秒），裁判将判比赛用时少的一方获胜。
- 比赛结果公布后，胜方由队长带领全体队员做赢家表态动作：左手轻放在肚皮上，收腹，右手往前伸出，身体前倾作谦虚状，齐声说"哈哈哈，我们赢了"；输方队长带领全体队员做输家表态动作：两手自然垂直，弯腰向倾，低头齐声说"愿赌服输，恭喜你们"。动作必须规范。
- 输方接受惩罚：男女队长均要做俯卧撑，基础数为10个，以后各轮逐次2倍增长。即第一轮输家队长罚做10个俯卧撑，第二轮输家队长罚做20个俯卧撑，第三轮输家队长罚做40个俯卧撑，第四轮输家队长罚做80个俯卧撑，照此类推。
- 第一轮甲方先报数，第二轮开始为输的一方先报数，赢的一方后报数。
- 报数比赛当中或队长在接受惩罚时，两队的队员必须肃静，如果队员讲话或发出不该有的声音如嘲笑声等，该队的队长要罚50个俯卧撑。
- 每一轮惩罚完后有3分钟的团队建设时间。各队队长可在组内与队员交流和进行团队精神建设、相互鼓励等。
- 队长不参与报数。
- 在惩罚队长做俯卧撑时，监督员参与点数；当两队队长四人一起受惩罚时，计时员和监督员均需参与点数。
- 根据需要可以进行到第五轮或第六轮。

4. 给各队有3分钟的时间进行商量和准备：
- 想一想几十个人的庞大队伍报数，从哪里开始和在哪里结束会比较有序。
- 可以尝试一下练习报数，想一想如何才能更好地配合。

5. 给计时员和监督员讲解操作注意事项：

告诉计时员：报数的时候，进入各队伍当中计时，报数第一声开始按下秒表，到最后一声按停秒表，在《比赛结果记录表》中填写准确的时长。比较两队用时长短，在胜方相应的地方打钩，报告裁判胜负，由裁判宣布比赛结果并实施惩罚。若某队伍中有人抢报、错报、漏报则不用登记时间，在表里"用时"方格里画上横线表示，则另一队不战而胜，在表格内相应的地方打钩。点数时对于不合格的俯卧撑不予计数。

告诉监督员：监督员在报数的时候进入队伍当中，仔细观察，当发现队伍中有人抢报、错报、漏报则举手大声报告，裁判据此宣布本轮比赛胜负并进行惩罚；若没有以上现象则不用举手报告。在报数比赛时或在队长接受惩罚时，如有队员讲话或发出不该有的声音如嘲笑声等，应举手报告。发现两队在做赢家表态动作和输家表态动作时不规范，可以给予警告，队员三次不遵从则报告裁判。加罚队长做俯卧撑时，对于不合格的俯卧撑不予计数。

6. 开始领袖风采活动（教师做裁判员，同时与监督员一起负责维持现场的纪律）。

7. 活动进行到第三轮或第四轮以后，可能某些队长极度劳累，非常辛苦，队员会很有感触，这时候可以播放背景音乐，朗读一些积极向上的、促使其反思的引导语或小故事，引导队员们反省深思。比赛过程当中，老师及时公布各小组得分，及时惩罚。拒绝队员代替队长接受惩罚，但是允许陪做。

8. 活动越是进行到最后，队长做俯卧撑越艰难，小组成员的心灵反省和受教育的效果会越好。待进行到最后一轮，请全体队员把队长扶起来，帮他（她）揉揉手脚，给予拥抱，相互交流3分钟，最后甲、乙两队队员把队长高高托起来，让其躺在队员们用双手交织成的人网中舒服地荡漾，感受来自团队的感激与敬意。

9. 请两队队员分散就地坐下，讨论以下几个问题：
- 队员没有报好数仅仅是自己的事吗？
- 队长为队员的错误买单承受残酷的惩罚，他应该接受吗？
- 通过活动你想到了什么？你有怎样思考和感悟？

10. 请各队队内讨论分享体会。

11. 全体分享：鼓励大家把最真实的、最深刻的体会分享给同伴。

 【注意事项】

- 提醒学生尊重他人，不可因为别人报数不准而嘲笑、起哄；
- 若队员要求代受惩罚则不答应，若要求陪伴受罚则答应；
- 所有队员一起陪伴两队队长受罚时，无论多难都让队长继续做完剩下的俯卧撑。

【课后拾遗】

报数比赛很简单，可是我们轻视了，连错了两次，队长义无反顾地趴下来做俯卧撑，完了摆摆手说没事，我们心里有点过意不去。第三轮的时候我们终于赢了，对方队长要做40个俯卧撑，我们欢呼，却犯了规，我们队长被罚做50个俯卧撑，女队长有点撑不起了，但她还是慢慢地一个一个地做完了。我眼睛酸酸的。这就是领袖吧，或许刚才她踌躇满志地承诺即使失败了也要承担一切责任的时候就已经想到了要承受这些。在这里我想对我的队长说：谢谢你，我们表现不好让你受累了。

——广东省惠州市博罗中学 LWQ

活动设计【33】构筑友谊家

【活动目的】

更好地了解、认识身边的同学。让学生体会到团队合作的乐趣，感悟被普遍认可的择友之道和人际交往方法。

【活动步骤】

1. 每个小组集体构筑一个自己的友谊家，首先请每个小组选出一个房主，由房主组织小组讨论。讨论内容有：

- 友谊家的名字；
- 构思友谊家的形状、布置、陈设等；
- 友谊家所崇尚的友谊宗旨或口号。

2. 每个房主在黑板上画出集体构筑出的友谊家的形状、布置、陈设等，并说明友谊家的名字、友谊宗旨或口号。

3. 如有时间，可请各小组成员到黑板前补充几笔。

4. 讨论问题：

- 你们觉得自己友谊家的成员应该具有什么品质特点？
- 如果成员之间发生矛盾怎么办？
- 你觉得应如何让友谊家成员和睦相处？

5. 学生分享：请各小组派代表把小组的讨论结果和全班同学分享。

【注意事项】

- 注意对活动意义的升华，避免学生为画图而画图。

【课后拾遗】

这节课气氛很热烈,特别是在黑板上画友谊家的时候,每个组画出的友谊家的样子差异好大哦,有的画成了蘑菇屋,有的画成了太空船,有的画成了大庄园,屋子里面的摆设也各不相同,个性十足。

——浙江省天台育青中学　LPC

活动设计【34】融化的冰盖

【活动目的】

让学生在活动中寻找解决问题的方法,培养创新思维,体会团队共同努力的能量。

【活动步骤】

1.向学生宣读规则:

- 在规定的6分钟内,所有成员都要站到冰盖(报纸)上,脚不能直接触地;
- 不可将冰盖(报纸)撕成小块,应保证冰盖(报纸)的完整;
- 当任一小组准备好后,要提醒老师开始计时;
- 至少坚持10秒以上;
- 若在活动过程中出现违规现象,将视为活动失败。

2.开始活动:本活动分三次进行,依次减少报纸数量,即第一次为8张报纸,第二次为4张报纸,第三次为2张报纸。

3.请各小组讨论以下问题,稍后每个小组派代表分享:

- 做这个游戏时,你在想什么?你认为可能获得成功吗?
- 你在游戏中想到用什么方法解决问题?

- 当你成功之后，你的感觉如何？有何感想？
- 随着难度越来越大，你的心理发生了什么变化？你又在想些什么？
- 你对今天的活动有怎样的思考和感悟？
- 你觉得在游戏中自己的最大收获是什么？

【注意事项】

- 要求学生身上不佩戴尖锐饰品或手表，以免伤到人；
- 遇到报纸被破坏应及时更换；
- 辅导老师应注意引导学生分享活动背后所蕴含的道理。

【课后拾遗】

突然觉得高中三年就是这三次的游戏缩影：高一如同第一次游戏，我们轻松、随意，没有更多的要求；高二时就像第二次游戏一样，开始有了压力和怀疑；高三就如同第三次游戏，我们的空间如此狭小，压力异常巨大，我们需要更多的努力和尝试，不断地挑战自我！

——福建省厦门理工学院附属中学　PSS

 活动设计【35】突围与闯关

【活动目的】

让学生掌握教育学中的蚂蚁效应，认识到团队合作及人际互动的重要性，促进学生间的信任和合作，提高班级的凝聚力。

【活动步骤】

1. 突围游戏

（1）各组成员面向里，围成一个圈并且用手臂互相勾结，越紧密越好；

有一位组员站在圈里,作为突围者。

(2) 突围者可采用钻、跳、推、绕、拉、诱骗等方式,力求突围出来;包围的人则团结一致不让其闯出。

(3) 如果突围成功则此轮游戏结束。

(4) 继续下一轮,上一轮的围圈者中随机选出一名作为突围者,刚才的突围者充当围圈者继续体验;

(5) 如果突围活动坚持一段时间后,突围者仍不能成功闯出,则可宣布放弃;

(6) 以同样方法换另外的组员体验。

2. 第二轮游戏:闯关游戏

(1) 各组成员面向外围成一个圈,彼此需勾紧手臂;一位成员站在圈外作为闯关者,设法冲入圈内。

(2) 闯关者可用推、拉、钻、绕、跳、甜言蜜语哄骗等方法设法闯入;围圈者则应竭力排拒,直到闯关成功或闯关者自动放弃为止。

(3) 更换闯关者体验。

3. 成员分享:

● 围圈者在活动中是否感觉到团体的重要?

● 围圈者在抵抗外来人员侵入时,合作中有些什么问题?应怎样改进?

● 突围者或闯关者被拒之圈外是什么感受?你是怎样突围或闯关成功的?

【注意事项】

● 活动前,提醒和督促学生检查并清理身上的尖锐物件,如手表、饰品等;

● 活动过程中提醒学生注意活动强度,保护自己和他人的安全;

● 分享过程中,辅导老师应注意引导,带领学生挖掘活动背后所蕴含的道理。

活动设计【36】风中显劲草

【三维目标】

使学生体验信任别人和被别人信任的感觉,增强团队的凝聚力,学会承担一定的责任。

【活动步骤】

1. 将全班分为几个小组每小组围成一个向心圆坐下,其中一个成员(草)站在中间。

2. 站在中间的"草"双臂伸直,拇指向下,掌心向外,小臂交叉,然后十指相交握在一起,由内向上翻至胸前,靠紧身体,头略含。随后由小组其他成员用绳子将他的手捆住。

3. "草"双脚并拢,身体绷直,然后大声问:"我叫……(自己的名字),我需要帮助,你们准备好了吗?"小组成员回应:"我们准备好了!"然后"草"身体笔直朝任何一个方向倒下去,但是在倒下的整个过程中,双脚不能移动或者分开,就像一个"不倒翁"一样。"草"倒向哪个方向,该方向的小组成员要在"草"即将倒在自己身上时,伸出双手把"草"轻轻推向另一个任意方向(前方除外)。注意用力不要太大,能推动就行了。

4. 老师做完示范以后,问所有的学生对整个程序是否清楚明了,然后各小组开始做此活动,每个人都要做一次"草"。

5. 请学生思考以下几个问题,活动结束后每个小组选派一名代表上台分享
   ● 在活动中你有什么感受?
   ● 你是第几个做"草"的?为什么不是(是)第一个?
   ● 你觉得你们的团队合作精神怎么样?你有什么建议?

【注意事项】

- 最好在活动场地垫上海绵护垫，以免出现意外事故。
- 此活动不适合小学阶段学生。
- 所有参与者的手表、眼镜、钥匙等硬物必须摘掉。
- 圆圈的直径最好让当"草"的学生感到一些恐惧的程度，但不能太大，以免发生危险。

【课后拾遗】

　　我要倒下去了，倒下去了，我已经倒下去了，我的身体已经完全悬空，一种前所未有的恐惧突然袭来！我想伸出我的双手用力去抓哪怕是一棵小草，但是我的双手被牢牢捆住了！我心跳加速，呼吸变得急促起来！但是我告诉自己，不必害怕，不必担心，我的同学会接住我的，他们不会让我有事的，我信任他们，突然，我的身体被同学接住了，我安然落到了同学们的怀抱里，我的心踏实了！同学们值得信赖，我也值得他们信赖！我相信！

——贵州省盘县第二中学　JXH

 活动设计【37】我们可信赖

【活动目的】

　　使学生体验自我挑战的感受，学会信任他人，走出目前普遍存在的信任危机，从而建立起生活和学习中勇于担当的责任感。

【活动步骤】

1. 主持人宣布活动规则：
   - 这个活动具有一定的危险性，所以活动过程中要求每一个成员都要以

100%的注意力投入活动。

- 各小组在小组长的协调下，自愿排序成为体验者，1号体验者首先完成信任背摔，照此类推，直到最后一名完成信任背摔，整个活动结束。
- 小组成员分成两部分——一名体验者和数名支持者。支持者在课桌前方排成两列纵队，面对面站立，体验者背朝支持者站在桌子上，完成信任背摔。

2. 每个小组推举一名小组长，小组长的职责是将小组内成员按意愿排序，并按次序完成信任背摔的活动，同时维持活动秩序，帮助主持人顺利完成整个活动。

3. 各小组在主持人和小组长的指导下，将课桌和海绵垫放在指定的位置，作好活动的前期准备。

4. 主持人随机抽取一组成员做示范动作。

5. 各小组的1号体验者站在课桌上，支持者面对面排成两列纵队；所有成员先用自己的左手紧握自己的右手腕，然后相对的两人，成员甲的右手紧握成员乙的左手腕，成员乙的右手紧握成员甲的左手腕，形成一个非常牢固的"手结"，每小组形成一道比较安全的手臂网。

6. 小组长示意支持者准备就绪后，体验者左右手交叉抱住自己的双肩，闭上眼睛，准备从课桌上向后仰面倒下。

7. 体验者倒下之前对支持者说："亲爱的同伴们，你们准备好了吗？我信任你们。"支持者需大声回答："亲爱的同伴，我们准备好了，请相信我们。"

8. 体验者往后倒下，支持者接住体验者。

9. 换2号体验者，遵循以上操作规程。依次循环，直至最后一名体验者做完，整个活动结束。

10. 讨论以下几个问题：

- 在活动中，分别做体验者和支持者时，你的心理有什么变化？
- 当你做体验者时，如何才能信任课桌下的支持者？
- 当你做支持者时，如何让课桌上的体验者信任你？
- 通过这个活动，你感觉你们小组内的成员关系有什么变化？

11. 小组长总结组内成员的讨论结果并上台分享。

【注意事项】

- 为保证绝对安全，需要使用护垫，或另安排两列学生抵住接人的学生。
- 为了减少冲击力，支持者的手臂网可以形成一个由低到高的斜坡。
- 该活动具有危险性，心脏病人、高血压和恐高症患者等不能参加。
- 对与一些不敢参与的学生，教师应进行适当的鼓励，但不能强迫。

【课后拾遗】

　　这是一个很有意义的活动。我们好像是在挑战自己的心理极限，我是小组长，也是小组中第一个体验者，为了给大家做好榜样，我勇敢地站在了课桌上。说实话，我的双腿一直在发抖，虽然听到他们说："我们准备好了，请相信我们。"但我还是很担心，怕有人没准备好，很担心自己倒下去会摔伤，直到我被接住的那一瞬间，我的心才放下来，我发现，在危急时刻信任别人真的很难。

——陕西省勉县第一中学　ZMH

 活动设计【38】无敌风火轮

【活动目标】

认识什么是团体协作，体会团结的力量。

【活动步骤】

1. 请各组选出一名裁判员。裁判员在一边负责计时，并监督本小组是否违反游戏规则。

2. 请各小组组长上台领取活动所需的材料。

- 大报纸数张（20~50张）。
- 宽胶带1卷。

3. 教师向学生宣读游戏规则：

- 每组成员在5分钟之内利用报纸和胶带制作一个可以容纳全体成员的封闭式大圆环（形似履带、风火轮）。
- 确定比赛的起点和终点。
- "风火轮"制作好后，将其立起来。
- 组长和组员带着制作好的"风火轮"来到确定的出发点。
- 全体成员站到"风火轮"上。
- 教师宣布"开始"指令时，全组成员从起点开始，边走边滚动"风火轮"，一直到终点。
- 比赛时间为15分钟（或20分钟）。
- 最先完成任务者为胜利组，授予"最佳团体组合"荣誉称号，到时间没完成的小组或最后完成的小组要接受惩罚（全体组员一起做上下蹲）。

4. 宣读完游戏规则后，教师可用煽动性的语言和语气，使学生兴奋起来，如："大家都准备好了吗？你们有信心使自己的小组获胜吗？经得起考验的感情才是真正的感情，经得住考验的团队才是有力量的团队。现在考验大家的时候到了，15分钟（或20分钟）后我们以成败论英雄吧！"

5. 比赛开始后，教师要留意各组在滚动"风火轮"的过程中出现的情况（如某小组因为步调不一致报纸被踩断了，或者有的人脚不小心踩到地了等），以便引导学生分享时提问这些同学。

6. 比赛结束后，评出胜利组，授予"最佳团体组合"荣誉称号；没完成的小组或最后完成的小组一起做上下蹲。

7. 各组成员围坐成一圈，用10分钟的时间讨论下面的问题：

- 活动中你有哪些特别深刻的感受？
- 活动中促进和阻碍完成任务的因素分别有哪些？
- 现实生活中你遇到过合作不良的情况吗？原因是什么？今后你会

如何做？

8.请各小组派一位代表与大家分享。

【注意事项】

- 本活动也适用于以班级为单位进行全校比赛。
- 每组分得报纸的张数要一致。
- 提醒学生制作"风火轮"的过程中要合理利用资源。
- 假如中途脚走在报纸外，或者报纸断裂，要重新从起点开始。

【课后拾遗】

在用多少张报纸的问题上我们有了分歧。有人建议将报纸撕开以增加长度，有人建议不撕。我无所谓，但最后还是支持了不撕的一方。最后我们的报纸果然不够长，导致团队无法顺利前行。但无论成功还是失败，都是我们人生经历中的一笔财富，在游戏中我们懂得了很多道理，学到很多课堂上学不到的东西。

——广东省惠州商贸旅游职业学校　PXL

活动设计【39】勇冲地雷阵

【活动目的】

通过相互协作完成任务的形式让学生在充分的参与和互动中增强人际信任感。

【活动步骤】

1.布置场地，把活动场地划分成三个区域：岛屿、雷区、陆地。在雷区里不规则地放上若干矿泉水瓶子，表示地雷。

2. 从班上选出自愿做裁判的同学5名，1名在终点计时和清点通过的人数，1名在起点喊"开始"并且检查同学有没有蒙上眼睛，3名在雷区中监督是否有人踩到地雷和碰撞他人。

3. 全班学生（裁判和小组长除外）蒙上眼睛按照事先分好的小组在岛屿区域排成纵队，面向雷区；小组长站在陆地区域，隔着雷区面对组员。

4. 向学生宣布游戏规则：

- 每个组长需要以喊话的方式为组员指引方向。组长不能进入雷区，并且需距离雷区1米远。
- 如果在穿越的过程中撞到了地雷阵中的其他人，则必须停止半分钟后方可继续移动前进。
- 如果在穿越过程中不小心碰到"地雷"——矿泉水瓶子被碰倒，则淘汰出局。
- 每个人的生命只有一次，踩到地雷后不能再回到雷区中来。
- 由裁判掌握开始和结束的时间，最长时间为15分钟。
- 裁判计算各小组所花的时间并清点顺利通过的人数。
- 将各小组用时情况和通过人数实时在白板上公布。
- 结果计算方法：用时得分比规定时间每提早1分钟加1分，时间到则停止通过，清点人数，每通过一人得3分。两项得分相加得到总分。

5. 给各小组2分钟的时间进行商量和准备：

- 想一想如何能更好更快地让组内人员安全通过；
- 想一想蒙着眼睛如何有效地交流沟通。

6. 给裁判员和族长讲解操作注意事项。

告诉裁判员：裁判若发现有同学眼睛没有蒙好，有权宣布将其淘汰；若有人将瓶子踩倒下了有权宣布将其淘汰；有权把瓶子捡起换个地方放好。活动时间可视班上人数多少而作适当调整，一般为15分钟，由裁判掌握。裁判用秒表计算各小组所花时间并清点通过的人数，当场写在白板上的记录表上。

告诉组长：组长站在陆地上离雷区1米远的地方以喊话的方式给组员指引方向，不能进入雷区，用语要文明，不能责骂组员。

7. 勇冲地雷阵活动开始（教师负责维持现场的纪律）。

《得分记录表》

小组号（部落）	1	2	3	4	5	6
用时（分钟）						
用时得分						
通过总人数						
通过人数得分						
总分						

8. 活动结束后，教师及时公布各小组得分，评选出优胜小组。

9. 请各小组讨论以下三个问题：
- 活动过程中你们小组遇到过什么问题？你们是如何解决的？
- 你们对本组人员在活动中的表现和合作感到满意吗？
- 你们对今天的活动有怎样的思考和感悟？

10. 请每小组派一名代表上台分享。

【注意事项】

- 若瓶子倒下，应及时扶正，以免蒙着眼睛的学生不小心踩到摔跤；
- 提醒组长以文明用语引导组员走出雷区；
- 防止小组间因竞争造成冲突，引导他们不要注重结果，而是注重过程。

【课后拾遗】

　　一开始的时候感觉冲过雷区很难，我们小组内特意讨论了路线和前进的方法，经过尝试之后发现其实困难是可以克服的，只要我们每个人都听组长的指导，相信他，大胆而又小心地往前走，是可以顺利地走出雷阵的。当我走出来摘下眼罩往后看时，真不敢相信刚才这些瓶子竟然都没有倒下。看着组长的笑脸，听到他沙哑的嗓音，我真得很感动。

——广东省惠州市博罗中学　FCY

第四章 环境适应类

活动设计【40】个性小名片

【活动目的】

让学生理解自我推荐的重要性,并掌握自我推荐的技巧与方法。把自己最想表达的个人信息公布给他人,学会自我推荐。同时也了解他人,便于团队的相互融合。

【活动步骤】

1. 教师将N次贴分发下去,每人2张;将提前准备好的1套彩笔放在小组中央作为公共用品,小组成员根据自己需要选择合适的彩笔。

2. 要求每个组员在限定时间内(5~10分钟)为自己设计一张"个性名片",写或涂在N次贴上。

注意:

- "个性名片"是对自己特征的描述。
- 每个人写出4~8条个人相关信息。
- 个人信息的表现形式可以多种多样,可以是文字的,也可以是图形、漫画等。
- 个人信息的内容可以是自己的全面特征,如:姓名、爱好、外形、偶像、座右铭;也可以是自己某一方面特征的细化,如:理想、目标、志向、人生观。
- 用文字表现个人信息时,可以是直白的口语,也可是文雅的诗句。
- 设计"个性名片"时,可以用多种颜色的彩笔。

3. "个性名片"设计好之后，学生需将其贴在胸前。

4. 各小组由组长开始顺时针交流，进行自我推荐。

5. 小组交流完后，组长进行小结。

6. 第一轮小组交流完后，将相邻的两个小组合并，选出新组长（或者由教师指定组长）。先由原来的组长介绍其小组成员，之后，进行新一轮小组交流，交流完后，新组长进行小组总结。

7. 第二轮交流完后，依以上步骤进行新一轮的组合直至全班合并成一个大组。

【注意事项】

- 教师可将分组剩下的学生随机分配到各小组。
- 对于性格特别内向的学生，主持人应该给予特别的支持和鼓励。
- 小组合并后的组内交流，可以是对组内他人"个性名片"的评价。

【课后拾遗】

我是一个性格内向的女孩，以前总是沉默寡言，我特别羡慕那些人缘好的同学，心里一直渴望有很多好朋友。今天的活动让我明白了，原来友谊要靠自己去争取，只要真诚而主动地推荐自己，一样可以成为团队的主角。

——陕西省勉县第一中学　TY

 活动设计【41】归宿在哪里

【活动目的】

- 通过活动让学生理解归属感的建立源于每个成员的主动争取。
- 让学生从了解自己开始，逐渐关注他人，最后融入集体。
- 满足学生对归属感的需求，在活动中完善个人对归属感的理解。

【活动步骤】

1. 教师宣布活动规则：
   - 除学生代表外，其他人必须保持安静。
   - 学生代表描述其星座名称时，不能使用名称中的两个字。
   - 找到归宿的学生须待在指定的地方保持安静。

2. 教师用多媒体显示"十二星座时间分布"，并简单介绍星座知识。

星座	月份
水瓶座	1月20日至2月18日
双鱼座	2月19日至3月20日
白羊座	3月21日至4月19日
金牛座	4月20日至5月20日
双子座	5月21日至6月21日
巨蟹座	6月22日至7月22日
狮子座	7月23日至8月22日
处女座	8月23日至9月22日
天秤座	9月23日至10月23日
天蝎座	10月24日至11月22日
射手座	11月23日至12月22日
魔蝎座	12月22日至1月19日

3. 所有学生先坐好，中间留出一块空地，学生代表可以利用这块空地来寻找自己的归宿。

4. 所有学生听从教师的口令，教师从1数到12，当教师喊数字"1"时，期待找到自己归宿的学生举手描述自己所属星座的名称，教师随机选出一名学生代表（后称A学生）。

5. 被选中的A学生站在教室中间的空地，给其他学生描述其所属的星座名称（注：描述可以是语言，也可以是肢体动作），如果大家看明白或听明白了，就一齐说出那个星座的名称，鼓掌表示认同。鼓完掌后，同一星座的学生就走到教室中间的空地和A学生排成一排。

6. 第一个小组组建后，A学生代表组员到主持人处领取"星座面具"，戴在自己头上，带领组员站在教师指定的地方等待。

7. 教师喊口令"2"，选出第二个学生代表B学生，依以上程序组建第二个小组；照此类推将全班同学分成不同的小组。

8. 戴上"星座面具"的学生排在第一个，其余同星座的学生排在其后，全班分成若干纵队。

9. 各小组运用各种方法壮大自己的队伍，如：我们同属于动物星座，双鱼座、白羊座、白羊座、巨蟹座、狮子座、天蝎座、魔蝎座就连成一体。

10. 最后，每个学生看看自己的团队是一个人还是一批？

【注意事项】

● 预先介绍星座知识，让学生都知道自己的星座。

● 每个小组中戴面具的学生其实扮演着组长的角色。

【课后拾遗】

> 我是星座的追逐者，非常喜欢这个活动。我是金牛座，很快我就找到了归宿。我是我们小组的组长，以前我总认为金牛座的人有相似的特征，没想到咋咋呼呼的Z同学也是金牛座，这让我对星座有了新的理解。
>
> ——陕西省勉县第一中学　CM

活动设计【42】适应新校园

【活动目的】

在新环境中与人相互交流，通过活动了解新同学，相互熟悉。

【活动步骤】

1. 热身导入：分小组同时确定组长。

（1）首先根据班级人数，每个学生获得一张纸片（纸片是从大图中剪下来的，注意在同一张大图剪出的纸片后标注相同标记，以便拼图）。

分组用图（每小组一幅）

（2）所有学生到班级中寻找其他纸片来完成拼图。

（3）每拼出一幅图，持有所拼图片学生即组成一个小组。

（4）拿到指定纸片的同学担任组长，负责小组内各项工作的协调。

（5）请组长向教师领取活动所需用品（广告纸1张、彩笔若干、便贴纸）。

2. 引出主题：开学了，你适应吗？（PPT）

（1）首先，请学生回忆进入高中（初中）以来的学习及生活，有些已经适应了，还有哪些地方不适应。

问题：请同学们将自己目前还不太适应的地方写在广告纸上，同时可以用不同颜色或图案来表达自己进入高中（初中）以来的心情与感受。

（PPT展示所写问题，并配以背景音乐来配合学生的活动。）

（2）教师引导：同学们都将自己的情绪表达出来，也意味着我们还有很多不适应的地方，需要及时处理和调整，否则时间久了，会影响同学们的学习与生活。

这些问题，有的同学已经适应了，而有的同学却还不能很好地解决。那么下面的时间，我们就一起来想办法。

(3) 请各小组将已经写好的广告纸，随机和其他小组交换。教师引导：请大家帮助同学解决这些困惑，将你的解决办法写在便贴纸上并将其贴在相应的位置，可以选用适当的颜色和图案来表达鼓励。

(4) 各小组解决好问题之后，由组长将本组情况进行总结并在班级中分享。

(5) 将各小组的经典发言逐条记录在黑板上。

3. 教师点评：刚进入高中校园，所面临的一切对同学们来说都是陌生的。在这种全新的环境中，再加上课业的压力，有些同学就出现了种种的不适应。刚才各小组交换广告纸后，同学也会发现，原来你不适应的问题，在别的同学身上也出现了，也就是说，在新的环境中，不是只有你自己会出现不适应的感觉，很多同学和你一样，大家都会面临这种不适。

在各小组交流总结中，很多同学面对问题提出了解决途径，希望大家在课后能积极尝试运用，调整自己目前的状态。

4. 请学生们互写赠言：刚才看到了别人的困难，也听到了大家提供的解决方法，那么请同学们在便贴纸上写上真诚的祝福的话，并将它贴在你最想对他说的同学身上。大家要互相鼓励，齐心协力，尽快适应新的环境。

【注意事项】

- 学生释放困惑时，教师要给予必要的引导。
- 在交换帮助环节中，要避免出现嘲笑的情况。

【课后拾遗】

刚进入新的班级,学习压力比较大,同学之间竞争很激烈,尤其是我以前从来没有住过校,住校生活让我感觉很不适应,非常想家,又不好意思和同学说,担心会被嘲笑。在这个活动中,发现原来很多同学和我一样都很想家,原来我并不孤独,后来又听了一些同学给的建议,心里舒服多了。我想我会适应新的班级生活的。

——浙江省桐乡市高级中学 ZXJ

活动设计【43】搜索大行动

【活动目的】

在快速的协作和搜索过程中发现校园的美。转变观念,感受校园的每一个角落,增进对校园的了解,发现校园中从来没有被关注过的地方,进而热爱校园。

【活动步骤】

1. 请各小组组长上台领取《搜索物品清单》一张。

《搜索物品清单》

一片红色落叶	一个教师签名
一片鸟类羽毛	一颗蒲公英种子
一片有虫孔的树叶	一片四叶草
一粒小石子	一枚鹅卵石
一个螺蛳壳	一段生锈铁丝

2. 教师向学生宣布游戏规则:

- 整个活动在15分钟内完成。
- 只能在校园内收集。

- 每样物品最多可搜集2份。
- 每收集一样物品每个组员可加0.5分。
- 凡在截止时间之前所有小组成员到齐的小组加0.5分。
- 凡在截止时间后有小组成员返回的小组，每迟到1分钟倒扣0.5分。
- 注意安全，不得干扰上课班级。

3.开始搜索行动（教师负责记录截止时间后迟到小组的情况）。

4.成果统计：教师先发给每个小组一张《搜索成果统计表》。将所有小组长交叉分配，并将统计结果填写到《搜索成果统计表》中。即A小组组长负责统计B小组搜索成果并填表；B小组组长负责统计C小组搜索成果并填表；照此类推。

搜索成果统计表

物品编号	1	2	3	4	5	6	7	8	9	10
数量	0.5分	0.5分	0.5分	0.5分	0.5分	0.5分	0.5分	0.5分	0.5分	0.5分
	0.5×2分	0.5×2分	0.5×2分	0.5×2分	0.5×2分	0.5×2分	0.5×2分	0.5×2分	0.5×2分	0.5×2分
得分										
迟到扣分	总计迟到____分钟，应扣____分					最后得分 ____分				
统计人	第____小组				被统计小组	第____小组（组长是____）				

5.活动讨论：
- 在搜索活动中你有怎样的感悟？
- 在搜索活动中你还发现了哪些平时没注意到的事物？
- 你认为本小组的表现如何？为什么？

6.请每小组各派一名代表上台分享。

【注意事项】

- 激励各小组用心搜索清单上的物品；
- 建议各小组给每位组员分配搜索任务；
- 对遵守时间按时返回的小组予以奖励。

【课后拾遗】

我们小组今天的表现相当不错,清单上的物品都找到了。要知道,刚拿到那个清单时我们都惊呆了,很多东西大家都认为在校园内是不可能有的,平时也没看到过。我分配到的任务是寻找一个螺蛳壳,我想我们学校没有水潭,也没有农田,哪来的螺蛳壳啊!这不是刁难我们吗?结果我居然在草丛中找到了螺蛳壳,而且没有费多少工夫就找到了第二枚。我想生活中的精彩之处也一样吧,关键在于要去发现,没有什么是不可能的。

——北京师范大学贵阳附属中学　NFL

活动设计【44】投球与定位

【活动目的】

学会对自己进行合理定位,重新制定符合自己实际情况的奋斗目标。借助投球游戏,让学生在充分参与与交流分享中体会到合理定位的重要性。

【活动器材】

- 带有编号的纸篓若干;
- 投掷用的乒乓球若干;
- 每个小组记录用的笔和纸。

【活动步骤】

1. 在室外空地上画一条直线,确定各小组的投球点以及各小组小纸篓的具体摆放位置,并分别做好相应的标记。

2. 组织学生从1到8依次报数,喊到相同数字的学生自动组成6—7人小组。

3. 每个小组推选出一名组长到教师处领取3个上面分别标有①、②、③的小纸篓和5个乒乓球,并由小组成员将小纸篓、乒乓球分别摆放到指定位置(在直线前方的标记处依次摆放好①、②、③号小纸篓,其中①号纸篓离直线最近,其次是②号纸篓,最远处是③号纸篓;乒乓球摆放在本组的投球点处)。

4. 组长组织本小组成员商讨,确定比赛中的裁判员、记分员、捡球员以及小组成员的比赛顺序。捡球员、记分员、裁判员要在同组其他成员投球结束后再参与比赛。

5. 教师宣布游戏规则:

- 游戏以小组为单位进行,每人有5次投球的机会,看哪个同学投得又准又远,在游戏中获得的分数最高。
- 投球时要求站在直线外,脚踩直线或越过直线都属犯规,所取得成绩无效。
- 计分方法是:投中①号纸篓得5分,投中②号纸篓得10分,投中③号纸篓得15分。得分最高者胜出。

6. 游戏结束后,教师统计并当场公布各小组的优胜个人。

7. 组织学生展开讨论并分享:

(1) 你对自己在游戏中的表现满意吗?在投球的过程中你的心态是否发生了变化?当你投球不中时,你作了什么调整?

(2) 结合自己目前的学习展开思考——这个游戏给你带来了什么启示?

【注意事项】

- 放置小纸篓要避免出现地板效应或天花板效应(投不进或全投进去)。
- 各组组长要营造公平、公正的比赛氛围,杜绝违规现象。
- 本游戏重在比赛完学生的感悟与反思,所以老师的引导至关重要。

【课后拾遗】

我投第一个球时告诉自己一定要投中最远处的③号纸篓,但球投出去后我发现自己原来并没有那么大的力量,球离③号纸篓还有一段距离,落在了②号纸篓的附近,所以我及时调整了策略,将目标改成了②号纸篓。第二次投球时虽然球碰到纸篓边弹了出去,但我相信自己一定能投中,于是坚持下去,在随后的3次投球中,我投出去的球都稳稳地落在了②号纸篓中。根据自己的实际情况及时调整目标看来的确很重要。

——山东省荣成市第一中学　MXB

活动设计【45】蜈蚣大翻身

【活动目的】

通过活动让学生感受自我的灵活性。体验竞争与合作带来的压力与快乐。

【活动步骤】

1. 各组按照纵队排好,每个组员把双手搭在前面同伴的双肩上组成一条"大蜈蚣",跑动一下,看看彼此是否协调。

2. 各组变成前后手拉手一字排开,要求第一个组员依次从第二、三人拉手处,第三、四人拉手处……一直到队伍最后两人拉手处钻过去;第二个组员、第三个组员……跟随前面的组员一直钻完所有的拉手处。

3. 完成"蜈蚣"翻身用时最少的组获胜。

4. 每组学生练习5分钟后,活动正式开始。

5. 请学生联系活动中的体验以及本组成员间相互协调问题进行讨论。

6. 请部分同学分享自己及小组的收获与感悟。

【注意事项】

- 活动场地要够大，使"蜈蚣"可以"蠕动"起来；
- 要使整条"蜈蚣"顺利翻身，每个成员都要行动起来。

【课后拾遗】

在"蜈蚣翻身"中感觉自己反应很迟钝，总是跟不上队伍，或者到自己这里就翻不过去。很感谢小组内同学的包容，大家没有嫌弃和抱怨，总是鼓励和指导我。这个活动让我体会到随机应变很重要，活动中大家之间的距离也要适中，这样可以让钻的人更快地通过。感谢老师，感谢同学，让我感受到参与集体活动的乐趣。

——安徽省合肥市第八中学　DB

活动设计【46】有缘来相会

【活动目的】

寻找和自己有共同兴趣爱好的同学，体会与人交往的乐趣，建立新的人际关系网，形成健康积极的人际关系观。

【活动器材】

卡片制作要求：

多种颜色的方形纸片若干，将每张纸片分别剪成4小块能相互吻合的形状，并在纸片上写上一些关于兴趣爱好的词汇，以供学生选择。同时准备一些奇形怪状颜色各异而且不能和其他卡片匹配的纸片，6张左右为宜，除标有一些兴趣爱好的词汇外，还可以在卡片上写一些名言警句。纸片的剪裁可以如下图所示：

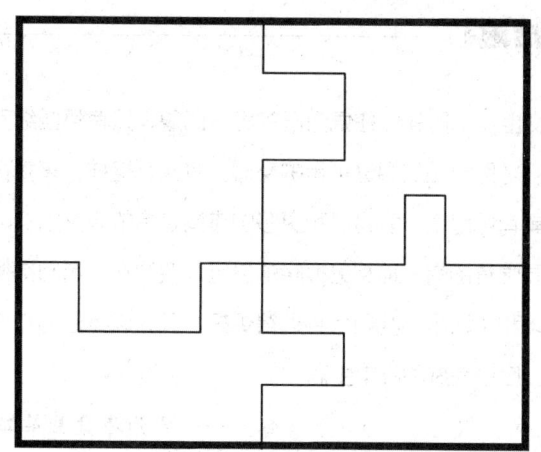

 【活动步骤】

1. 将卡片放在场地中央。

2. 请所有学生到场地中央来选取自己喜欢或者符合自己特征的一张纸片。

3. 请所有学生在20分钟内积极、认真、热情地寻找自己的"有缘人"——根据所选纸片颜色和形状,选择能与自己形状吻合的纸片。

4. "有缘人"组成一个小组,围坐在一起,相互介绍,通过交流找出彼此之间至少3个共同点。

5. 每小组选派一名代表在全班分享本组的心得和体会。

 【注意事项】

- 此游戏在彼此陌生的群体中进行效果最好。
- 有缘人可以是所持纸片颜色相同形状吻合的,也可以是所持纸片颜色不同但是形状吻合的。

【课后拾遗】

我们在交朋友的时候往往凭自己的第一印象,只有那些给我们良好第一印象的人我们才愿意和他们进一步的交流。其实,这样一来就在无形中给自己戴上了一副有色眼镜,会错过和更多的志同道合的人交朋友的机会。我和组内的几个同学真的有一种相见恨晚的感觉,我们在一起聊得很开心。相信在以后的学习和生活中,我们会相处得更好。我会以类似的方式扩大自己的人际交往圈,度过美好的高中生活。

——贵州省盘县第二中学　LXP

活动设计【47】一起找朋友

【活动目的】

通过寻找与自己有共同点的同学,使每个人都找到几个有共同兴趣爱好的朋友,并逐渐融入班级。

【活动准备】

- 《朋友信息表》,每人一张。

朋友信息表		
问　题	你的答案	与你有相同答案的同学的姓名
星　座		
兴趣爱好		
幸运数字		
鞋子尺码		
毕业母校		

- 《自我总结表》，每人一张。

自我总结表

看着纸上的名字，你有什么感受？

你纸上一共写有几个人的名字：

你已经记住了其中几个人：

你印象最深刻的人：

你的理由是：

你今天的收获是：

【活动步骤】

1. 教师宣布活动规则：
   - 只要是真实的信息就可以，没有对错评价，一行一个答案。"兴趣爱好"一栏，从重要到不重要，写2—4个，鞋子尺码指运动鞋的尺码。
   - 按照老师的指令统一行动。

2. 请所有学生将答案写在《朋友信息表》相应的空格内。

3. 所有学生都完成《朋友信息表》后，就可以开始去找朋友了。找到朋友以后，先握手和自我介绍，然后请他在相同答案后面的空格内签上他的名字，并且要认识他、记住他。整个活动过程中，必须要用语言交流。每个问题至少找到3位答案一样的同学，越多越好，表上至少有3个异性同学的名字。本环节用时为10分钟。

4. 所有学生在小组汇报自己寻找朋友的情况，小组长做好记录。

5. 请各小组派代表分享本组找朋友的结果。

6. 对于个别没有找到朋友的学生，教师可以提供面向全班提问寻找的机会。

7. 所有学生填写《自我总结表》。

8. 请学生分享活动收获。

【注意事项】

- 要引导学生尽量找自己不熟悉的人,这样收获更大。
- 在总结时,每个人都要真实地表达自己的感受。
- 寻找过程可能有点乱,教师要适当控制。

【课后拾遗】

活动不知不觉就结束了,当老师说活动结束时,我还想继续呢。这次活动我收获多多:每个问题后面我都找到了几位答案和我一样的同学。而且,有一位同学,和我是同一个学校毕业的,我们住得很近,以前我们居然不知道。

——浙江省桐乡市凤鸣高级中学　FJY

活动设计【48】障碍在哪里

【活动目的】

了解所谓的障碍除了指现实中看得见的客观存在的障碍,还包括自己内心的障碍。通过亲自体验或观看蒙眼走障碍通道的过程,思考阻碍自己融入新环境的障碍是什么。调整认知,建立适应新环境的积极态度。

【活动步骤】

1. 教师宣布游戏规则:

- 请2名学生做志愿者,协助老师开展活动。
- 每组各出1名同学直接参与游戏。
- 2名志愿者拉起绳子,高度为齐胸。将两张凳子摆放在通道中间。
- 所有体验者先去走一走障碍通道,包括低头弯腰过绳子、绕过凳子。

2. 游戏开始,所有体验者蒙住眼睛,通过障碍通道。体验者开始走的同时,志愿者将所有障碍物撤走,即蒙眼者所走的其实是无任何障碍的通道。其他学生观看。

3. 所有体验者通过障碍通道后,各小组进行讨论和分享。
- 请体验者在组内交流当眼睛被蒙上后,在通过障碍通道的过程中有什么感受和想法?
- 障碍物明明已经撤走,为什么体验者还会那样走?是什么让他们那样做的?
- 结合你目前的学习生活,你觉得对哪些方面的适应还存在问题?是什么让你无法放开自己去适应?

【注意事项】

- 在游戏过程中,志愿者同时要做好对体验者的安全保护工作;
- 要求观看的学生不得发出任何声音给体验者暗示。

【课后拾遗】

　　障碍在哪里?有时,它是客观存在的,有时,则只是心里给自己设下的。就像关在笼里的鸟,时间久了,即便有一天笼子破了,它依旧不知逃脱。在现实生活中,我们应该勇敢地面对挫折,尤其在新的环境中,没有尝试就没有突破。

——江苏省江阴市第一中学　XYS

第五章　认识自我类

活动设计【49】背后悄悄话

【活动目的】

通过对他人的客观评价以及他人对自己的客观评价来整合和完善自我意识。通过相互评价的过程，更客观地认识自我。使学生形成客观对待他人评价的积极心态。

【活动步骤】

1. 教师宣布活动规则：

- 本活动分两部分：第一部分为小组留言，小组成员在规定的时间内尽量给每个小组成员背上留言，同时接受他人留言；第二部分为自由留言，所有人之间可以相互留言。留言的内容是对对方的评价。
- 为了确保活动的有效，要求所有参与者以真诚、客观、负责的态度投入本次活动。
- 留言过程中不能进行语言沟通。
- 被留言者在主持人宣布活动结束之前不得偷看背上留言内容。
- 任何人在活动过程中不得向被留言者透漏留言内容。

2. 每个参与者分得一张16开白纸，并在白纸正面的左上方写上自己的姓名，在姓名的下方给留言者写上一句话，以鼓励他人为自己留言。

3. 组内成员相互帮忙，用大头针或双面胶把白纸固定在每个成员的背部。

4. 教师宣布活动开始，同时播放背景音乐（注：背景音乐应节奏欢快）。

5. 各小组在组长的组织下开始留言活动，教师可以在一旁来回走动，同时留意留言内容，以便活动总结。

6. 10分钟后，教师宣布小组留言结束，以小组为单位围坐成一圈，取下背上的白纸，进行3—5分钟的小组讨论。

7. 小组讨论结束后，教师宣布开始第二轮活动——自由留言。所有成员在全班范围内给其他成员自由留言。

8. 所有参与者将16开白纸翻到背面或换一张纸，在纸的左上方写下自己的姓名和给留言者的一句话。

9. 自由留言开始，教师仍可以在一旁来回走动，同时留意留言的内容。

10. 10分钟后，教师宣布自由留言活动结束。

11. 请学生讨论以下几个问题：

● 参与这个活动时，你的感受如何？

● 看了背上的留言，哪些是让你欣喜的？哪些是让你烦恼的？为什么？

● 你怎么看待别人对你的评价？

12. 请学生代表上台分享讨论结果。

【注意事项】

● 第一轮采用缩小范围的方法来减少留言数不均衡的现象。

● 第二轮活动自由留言时将纸翻到背面，是为了避免受到小组评价的干扰。

【课后拾遗】

我永远忘不了这个活动。刚开始，我怀着既激动又害怕的心情，激动的是不知道别人会给我写些什么，害怕的是别人对我的评价太低，所以整个活动过程我都忐忑不安。在活动分享部分，大家都谈了相似的感受，也许我们这个年龄的人太敏感，太渴望了解自己、了解这个世界，所以这个活动大家都积极参与。希望老师以后多组织一些类似的活动，让我们更清楚地认识自己。

——陕西省勉县第一中学 LK

活动设计【50】接纳我自己

【活动目的】

通过大声喊出自己的生理缺陷的方法让学生在充分的参与和互动中敢于面对自己的不足，积极地悦纳自我，消除不必要的烦恼，产生积极的情绪情感体验。

【活动步骤】

1. 首先请学生欣赏许飞的《爱自己》。

2. 先给学生5分钟的时间思考：你对自己身体上哪些部分不满意（如眼睛、鼻子、嘴巴、身段、肤色、体质等生理上的缺点），将它的名字写到纸条上。

3. 请3—4名学生到讲台上来，将自己不满意的某一个身体部位的情况说出来。不过要注意，内容仅限于生理上的缺点，并且越形象、越生动、越调侃越好，不需要解释原因。说完后，要大声说一句："虽然是这样子，我还是喜欢我自己！"

4. 台下的学生可以用掌声代表自己接受和认可的程度，如果台上的同学说得非常敷衍，就不让他（她）下来。如可以用"嘘"声表示不接受，该学生就要继续讲下去，直到大家认可为止。

5. 为了鼓励学生勇敢正视自己的不足，并敢于表达出来，教师可以做榜样，告诉学生一些对自己不满意的地方。

教师引导：面对身上的缺陷或不足，要勇敢承认和接受，这就是悦纳自己。悦纳自己就是爱护自己，不欺骗自己、憎恨自己。也许，你希望自己的眼睛再大一点、鼻子再高一点、皮肤再白一点、身材再苗条一点……那该多好啊！哎，你对自己真的不满意啊，怎么办呢？这是属于你的，为什么不接纳呢？其实大家都看到了，你遮遮掩掩的，又有什么用呢？把它展示出来吧，勇敢面对它吧！

6. 各小组进行相应的活动，组长要控制好秩序。

7. 各组成员思考并讨论：经过刚才的活动，你有什么感觉？

8. 请各小组派一位代表与大家分享。

【注意事项】

- 提出的仅限身体上的缺陷。

- 本活动不适合高中以下的学生。

- 引导学生关注他人，不得歧视和取笑。

【课后拾遗】

一直以来，我都为自己的长相感到自卑，从来不敢照镜子，说话也不敢正视别人，尤其是异性。我总是把自己封闭起来，内心非常痛苦。但是今天，老师让我们敢于正视自己的身体缺陷并当众说出来时，让我惊喜的是我做到了，虽然我的声音很小，但是内心却轻松了很多。我明白了，要想获得快乐，首先要敢于承认和接受自己的不足和缺陷，而不是逃避和否认，一味地逃避和否认只会让自己更痛苦、更自卑。

——广东省惠州商贸旅游职业学校　LYL

 活动设计【51】消失的自我

【活动目的】

通过在活动中的自我觉察，认识到"我"的存在与重要性，并学习了解自我。

【活动步骤】

1. 教师宣布游戏规则：

- 给学生3分钟的时间准备，每人与同学们分享一件发生在自己身上的有趣的事情。但在讲述过程中不可以出现普通话中的"我"字，凡是遇到需要说"我"字时，就用其他可以表示"我"的含义的字或词代替，如："俺"、"朕"、"寡人"、"I"、"某某某"（自己的名字）等。其他同学听后可以对讲述故事的人提问。

- 犯错者（包括全班同学和教师）要受到惩罚：学小狗叫三声"汪"、"汪"、"汪"。在教师宣布"活动结束"之前，所有人（包括教师在内）都要遵守活动规则。

2. 开始不说"我"的活动（教师负责维持教室纪律）。
   （1）教师宣布"活动开始！"
   （2）3分钟后，各小组成员依次在小组内讲述一件发生在自己身上的有趣的事情。
   （3）每个成员在小组内讲述结束后，其他成员对其提问。
3. 教师随机选择同学上台分享故事，全班学生对其提问。
4. 请各小组讨论：你在活动中有什么体会？
5. 请各小组派一位代表上台分享。
6. 教师宣布"活动结束"。

【注意事项】

- 教师和全体学生都需要遵守游戏规则。
- 违反规则者应自觉受罚。

【课后拾遗】

"我"是必不可少的一个名词。在生活中，尤其是在交谈、沟通中，没有了这个词，会是多么别扭！"我"这个词非常重要，同时"我"本身也非常重要。只有关注自我，认清自我，充满自信，才能真正做好"我"本身。

——西安交通大学附属中学　CBX

活动设计【52】个性名片秀

**【活动目的】**

通过自己设计"个性名片",推荐自己,同时了解别人。

**【活动步骤】**

1. 教师宣布游戏规则：

    (1) 态度要认真、真诚；

    (2) 设计的名片要有个人特色,可创新,力求最大限度地展现自己。

    (3) 以组为单位,发给每位同学一张纸、一套彩笔。

    (4) 在10分钟之内,小组内每位同学为自己设计一款新颖独特的名片,并以自己认可的方式展现。

2. 教师宣布"个性名片"要求：

    (1) 不少于5条个人信息（你最想展示给大家的方面）；

    (2) 除文字展示外,还可以用图形、颜色等多种形式表示；

    (3) 名片设计独特、新颖、有创意。

3. 小组内交流,集体分享。

4. 所有作品集中展板展示,全班分享交流。

【注意事项】

- 很多学生一开始可能会无所适从,教师要尊重并鼓励学生参与。
- 这一游戏在新入学群体中进行效果最好。
- 可以使用多媒体展示学生已经做好的名片,给大家以启发。

【课后拾遗】

这次的活动让我重新认识了自己。我设计的名片是一片漆黑的窗外夜空，挂着看着像柠檬一样的月亮，一个小姑娘驻足窗前陷入遐思。介绍完后，同学们一下子记住了我的名字。我很长时间没有这种激动的心情了。也许在周围人眼里我是个难以理解的怪人，但我认为这种"怪"是实在的、可爱的。我就是我，为什么要想方设法去改变、去隐藏呢？也许我永远也改变不了，可我并不觉得遗憾，尽管我会自嘲：我这个人呀！这就是我。

——安徽省合肥市第八中学 JX

活动设计【53】人生拍卖会

【活动目的】

认识什么是价值取向，了解自己的价值取向。

通过对价值取向的竞拍和抉择，感悟自己的人生价值，同时也学会理解、认可和接纳他人的不同的价值取向。

【活动步骤】

1. 上课准备：

- 在班里随机选举一名拍卖师和一名书记；
- 请各小组组长上台领取物品：小组号牌 1 张、签字笔 1 支。
- 在黑板上画出《拍卖情况变动表》、《拍卖物品清单》。

第二部分 心理活动

《拍卖情况变动表》											
组号		1	2	3	4	5	6	7	8	9	10
喊价											
余款											
成交商品	成交价										
	编号										

《拍卖物品清单》写在黑板上				
拍品编号	拍品名称	起拍价	竞拍愿望	竞拍结果
一号拍品	健康：70岁之前身体健康，无病痛折磨。	一万元		
二号拍品	长寿：成为世界上最长寿的人之一。	一万元		
三号拍品	家庭：有一个幸福美满的家庭。	一万元		
四号拍品	亲情：父母兄弟姐妹全都健康和睦。	一万元		
五号拍品	友情：能与众多好友保持深厚的友谊。	一万元		
六号拍品	爱情：与自己倾慕的爱人相伴一生。	一万元		
七号拍品	知识：成为知识渊博的学者。	一万元		
八号拍品	财富：成为世界上最有钱的人。	一万元		
九号拍品	自由：过着无拘无束的自由生活。	一万元		
十号拍品	美貌：成为身材完美的人。	一万元		
十一号拍品	美食：能天天享受世界各地的美食。	一万元		
十二号拍品	享乐：一辈子开心快乐无忧伤。	一万元		
十三号拍品	爱心：成功帮助一个孤儿并使其健康幸福。	一万元		
十四号拍品	诚信：做诚实、守信、受尊重的人。	一万元		
十五号拍品	自尊：不卑躬屈膝、不受人歧视、侮辱。	一万元		
十六号拍品	权力：成为有威望的领导者。	一万元		

2. 向学生宣读《拍卖规则》：

（1）每个小组视为一个竞拍单位。

（2）每个小组有10万元金币的身家，代表小组成员一生的时间和精力。

（3）所有拍品底价均为10000元金币。

（4）每次加价以5000元金币为单位成倍增加，价高者得。

（5）凡喊价者不是最终赢家也必须支付所喊最高价。

（6）每件东西叫价经三次落锤确认后，由喊价最高者获得。

（7）每次竞拍时各小组只能由一人举起本组号牌并报价。

（8）凡是某一拍品喊出三次无人竞拍则按流拍处理。

（9）以最优方式购买物品最多的组每人获得一份奖励。

（10）竞拍活动各小组竞拍情况将实时在黑板上公布。

3. 给各小组3分钟的时间讨论两个问题：

（1）给所有拍卖物品排列一个竞拍意愿顺序。

（2）对排在前3位的物品分别准备花多少钱来购买？

4. 给书记员和拍卖师讲解拍卖操作流程

（1）告诉拍卖师：每拍卖一件物品，都由拍卖师（或教师）将拍品用粗笔画在黑板上显著位置写出，字体要大。拍卖过程中注意语速要适度，每喊一次给各小组留出10秒钟的思考时间。

（2）告诉书记员：要把每一件拍品竞拍过程中，各组的报价及时填入黑板上事先画好的《拍卖情况变动表》的"喊价"一栏，若某一小组在同一件商品竞拍过程中几次喊价，则将前一次喊价擦去，及时更改为最新的喊价。每次竞拍完成，及时减去各组已经使用的金币，在"余款"栏中注明剩余金币数量，并将成交商品编号和成交价及时填入相应表格内，然后擦去"喊价"栏中的金币数字，进入下一个拍品的拍卖，直到所有拍品拍完。

5. 开始拍卖活动（教师负责维持拍卖会现场的纪律）。

6. 拍卖结束后，教师及时公布各小组竞拍情况，评选出优胜小组。

7. 请各小组讨论以下几个问题：

(1) 你们小组最想购买的东西（排在竞拍意愿第一位的物品）买到了吗？

(2) 为得到这件物品你们放弃了其他哪几样也非常想购买的物品？

(3) 你们对本组在拍卖活动中的表现和买到的物品满意吗？

(4) 你们对今天的拍卖活动有怎样的思考和感悟？

8. 请各小组派一位代表上台分享。

【注意事项】

- 以小组为单位进行拍卖，有助于小组成员间对彼此价值取向的了解和协调。
- 若某一个小组金币用完，应及时收回该小组号牌，避免乱举牌。
- "凡喊价者不是最终赢家也必须支付所喊最高价"这一规定可避免哄抬物价。
- 防止小组间因竞拍造成的口角冲突，提醒他们这只是虚拟拍卖会。
- 如有多媒体，可将所有竞拍物品通过幻灯片进行展示。

【课后拾遗】

　　我们组在拍卖活动中买到了最想买的两样东西——亲情+友情，不过为了得到这两样东西，我们放弃了爱心和权力。我们对我们小组的这次拍卖成果很满意。我们认为爱心是通过拍卖无法获得的，需要我们以实际行动去付出。同样，权力也没必要强求，要有能力才能获得一定的职务，并实现自己的人生价值。

——贵州省贵阳市第一中学　HFJ

活动设计【54】神奇的气质

【活动目的】

- 了解什么是气质？气质有哪些典型的类型？
- 通过分析故事、气质判断等活动,让学生了解气质的基本内涵和特点,让学生能对他人和自己的气质作出初步的判断。
- 使学生意识到气质本身没有好坏之分,应该悦纳自己的气质特征。

【活动器材】

- 具有典型气质的人物的海报若干。
- 气质特征卡片:

胆汁质

直率、热情、精力旺盛、生气勃勃、情绪易于冲动、心境变换剧烈、易感情用事、任性、脾气暴躁、易怒、缺乏自制力,是人们常说的急性子的人。

多血质

动作敏捷、活泼、灵活好动、热情、富于同情心、适应能力强、敏感、反应迅速、注意力容易转移、兴趣广而易变、喜欢与人交往、言语富于表达力和感染力、感情外露而易变、缺乏毅力和耐力、浮躁、轻率,是人们常说的活泼好动的人。

黏液质

　　沉着冷静、反应缓慢、安静、稳重踏实、沉默寡言、情绪不易外露、注意力稳定且难于转移、善于忍耐、缺乏活力、行动迟缓、为人拘谨、因循守旧、情绪发展慢但持久、坚韧、执拗，是人们常说的慢性子的人。

抑郁质

　　敏感、孤僻、行动迟缓、体验深刻、情感深入持久、善于觉察别人不易觉察到的细小事物、多愁善感、情感脆弱、畏缩而孤僻、反应慢而不灵活、胆小，是人们常说的多心的人。

● 签字笔一支。

【活动步骤】

1. 讲故事：

　　王杰、张可、李旭、孙瑜是四个京剧迷。这天晚上，著名的京剧剧团在国家大剧院演出。可是由于路上塞车，等四个人兴冲冲赶到国家大剧院门口时，京剧表演在10分钟前就开演了。为了保证演出不受干扰，剧院规定，开演10分钟后停止检票，这就意味着他们只能等2小时后开演的下一场。这时候，激动不已的王杰早就没有耐心向检票员求情了，他对检票员怒吼："我有票为什么不让我进？规矩是人定的，为什么偏偏是10分钟，而不是11分钟？再说是因为塞车我们才迟到的。你认为塞车是我们的过错吗？那是市政交通问题，我们是受害者，你得让我进去……"王杰一边说一边推搡着检票员，越说越激动，越推越用力。这时候，一直在一旁寻找机会的孙瑜趁王杰推撞检票员的瞬间，偷偷从检票员上举的右臂下钻了进去，边走还边回头做鬼脸。在这期间，张可干脆走进了剧院旁的一个小酒吧，一边品尝着威士忌，一边等待下一场演出的开始。而李旭则一刻不停地抱怨自己，我怎么这么倒霉？昨天不小心摔坏了一只珍贵的花瓶，今天看演出又迟到了，要是我早点来，现在不就看成了？唉，我这人怎么这么蠢！

看了上述这个小故事，你也许会开怀大笑，但是我们身边确实存在这样的人，面对同样一件事情，他们的反应竟然如此不同。

2. 根据他们的不同表现，讨论总结一下他们各有哪些特点：

与检票员争论的王杰：_____。

偷偷溜进去的孙瑜：_____。

心平气和的张可：_____。

自认倒霉的李旭：_____。

3. 讲第二个故事：

夏颖是个十分文静的初中生，从来没有同学见她发过脾气，无论做什么事，她总是不紧不慢。例如，有一次在公交车上，她的钱包被偷，她竟然一声不吭，好像被偷的是别人的钱包。但是下了车以后，她却责备自己不小心，没放好，真没用！好多同学都说她没气质，她却委屈地说，她从小就是这样的，她妈妈也是这样的。而同班的秦琴，一个跟她长得差不多高的女同学比她厉害多了，说话像嚼豆子一样，又快又脆；做事也风风火火，似乎什么都不怕。上个礼拜，邻班一个调皮的男同学说她的坏话，她竟然将那个男生逼得躲进男厕所里。最近她还削了个短发，一副假小子模样，大家都说她酷、有气质。

秦琴有时候也羡慕夏颖，人家多文静、淑女啊，而我，唉，同学说我是假小子，爸妈说我老是疯疯癫癫，什么时候才能长大？我为什么就不能文静一些，多点女孩子气？我为什么总是那么没有条理？我考虑问题为什么总是那么简单？

教师提问：夏颖和秦琴都希望改变自己的气质，这可能吗？

4. 小组分享：

(1) 你也遇到过和秦琴、夏颖类似的烦恼吗？

(2) 你想改变自己的气质类型吗？

(3) 你认为气质类型能改变吗？为什么？

【注意事项】

- 可以分析四大名著中让你印象最深的人物的气质类型。
- 在列举名人例子时宜多注意列举抑郁质名人。

【课后拾遗】

原来每个人都可以找到适合自己气质的工作哦！我老爸总是说我什么事情都干不了，以后该怎么办！现在我可以回去告诉他，有些工作是适合我做的。

——江西省信丰县第二中学　XXM

 活动设计【55】神奇漂流纸

 【活动目的】

认识到自己的优点并学会尊重和欣赏别人的优点。通过对他人和自己优点的审视与评价，懂得"梅花优于香，桃花优于色"。

 【活动步骤】

1. 分发纸张和彩笔，每人一份。
2. 宣布游戏规则：
   (1) 每个人在"漂流纸"的左上角写上自己的姓名。
   (2) 在"漂流纸"的中间写上自己的优点，有几个就写几个。
   (3) "漂流纸"以竖S的形式传递，每个同学都将写好后的纸传递给后边的同学（可以竖着传递，也可以横着传递）。
   (4) 每个收到"漂流纸"的人都要在上面写上你认为他（她）还存在的优点，或者赞同他（她）写的哪个优点，就在哪个优点的后面画个心形图案。

（5）每个人都要真诚地对他人作出评价，只写优点，不写缺点。

3. 开始游戏。游戏过程中，教师可以放一些轻松愉快的音乐（例如肖邦的圆舞曲）以活跃气氛，同时注意维持课堂纪律。

4. 当"漂流纸"再次回到每个学生自己手中时，思考、讨论以下问题：

（1）"漂流纸"最后回到你手上时，你发现了什么？

（2）"漂流纸"上的哪些优点是你自己没有意识到的？

（3）今天的游戏使你收获了什么？

5. 请学生代表上台分享。

【注意事项】

- 本游戏适合在班级学生都互相了解的情况下进行。
- 提醒学生，"漂流纸"上只写优点，不写缺点。
- 引导学生正确对待别人的评价。

【课后拾遗】

　　一张小小的"漂流纸"，让我知道原来我还有那么多的优点：爱笑、乐于助人、勤奋、勇敢、歌神、眼睛很大、身材好、嗓音甜美、活泼开朗、聪明、会搭配衣服……呵呵，原来我是这么优秀的一个人啊！这张神奇的"漂流纸"，我一定要把它好好保存下来。

——陕西省西安市蓝田县城关中学　ZB

活动设计【56】探看我心房

【活动目的】

了解意象对话技术。体验意象对话,初步掌握这种启发人自知的方法。

【活动步骤】

1. 学生按小组入座,每人发一张作业纸。

探看我心房作业纸示意图

（画图处）	门窗	数量	
	开关		
	室内光线		
	印象深刻的物品		
探看心房后,你的感悟:			

2. 教师引导:有一幢房子,叫做"心房",那是一幢只属于你自己的房子,坐落在遥远的某个地方。走进它,你就能更清楚地了解你自己。今天老师就带着大家一起探看自己的心房。首先请大家调整好坐姿,尽量舒服些,调节一下呼吸,闭上眼睛。想象你此刻是一根燃烧着的蜡烛,从头到脚都在慢慢融化,最后你变成一缕青烟慢慢飘向远方,你来到一个你从没到过的地方,前面是一条路,沿着路向前走,你看到了一座房子,仔细感觉一下那是一幢什么样子的房子。不要刻意地、努力地想象,慢慢地,意象会自动浮现在意识中的。记住在这个过程中你看到的东西,用心体会一下你看到这些东西时的感受。

3. 宣读规则:

(1) 根据教师的指引想象。

(2) 将头脑中出现的房子意象在作业纸上画出来，并完成相关内容。

(3) 小组交流，并派代表作集体分享。

4. 讨论分享：

(1) 每个人画的房子一样吗？

(2) 看到房子的材质和色彩，你有什么感觉。不同的颜色说明了什么？

(3) 为什么有的人门窗是开着的，有的是关着的，甚至是锁着的，这说明什么？

(4) 室内有哪些物品让你印象很深刻，是什么样的感觉？

【注意事项】

- 想象过程中要保持安静。
- 学生绘画过程中教师不做任何解释和评价，引导学生充分感受。

【课后拾遗】

感觉房子好温馨，好舒适。清新的空气，苍翠的绿色和复古的木色。就想和家人永远住在那里，无人打扰，永远不要回来。

——江苏省曹甸高级中学　ZKY

 活动设计【57】我的个性表

【活动目的】

了解什么是气质类型，不同气质类型分别有哪些个性特征。以小组团体活动的方式，通过观察对小组成员进行个性特征的分析，从而来了解自我和他人，进行对自我的分析和探索。

【活动步骤】

1. 请每小组选出一名组长。组长上台领取本小组的"个性特征表"和"个性记录表"。

个性特征表			
类型	长处	短处	适合职业
乐天型	热切、诚恳、乐观、富感情、优越感、感性强	冲动、浮躁、不坚定、意志弱、易怒、易懊悔	讲员 生意人 演员
易躁型	意志坚决、坚强、敢冒险、独立敏锐	急躁、激烈、不太会同情人、易谋私利、骄傲自大、报复心重、不爱深思	将军 老板 政治家
忧郁型	思想深刻、透彻、能自治、信实、可靠、有天分、有才华、理想主义、完美主义、忠心	抑郁、沉闷、忧愁、痛苦、多猜疑、情绪化、好自省、过分求完美、易怒、悲观	艺术家 哲学家 教授
冷静型	平静、稳定、随遇而安、温和、自足、实事求是、善分析、有效率	冷淡、缺感情、迟钝、懒惰、无动于衷、不易悔悟、自满	教师 科学家 作家

个性记录表			
组员	类型	长处	短处
A			
B			
C			
D			
E			
F			
G			
H			

2. 把对小组成员的认识记下来,填入"个性记录表"中,对每个人可选择一种类型或选择多种特征。

3. 全组成员都写完后,指定其中一人,请其他人说出对他的分析。最后由其本人发表对别人评价的感受及自我的分析。

4. 讨论问题：

(1) 在小组内分享感受，小组成员的评价和本人的分析也许非常一致，也许差别很大。为什么会有差别？深入探讨一下，会有许多意想不到的收获。

(2) 小组长根据成员的分享将发言记录在活动总结记录表中。

(3) 各小组组长在全班分享本小组成员的感受与想法。

5. 每组请一名学生上台分享。

【注意事项】

- 提醒学生真诚交流，避免学生之间的语言攻击。
- 小组成员的评价和个人的分析有出入时教师应该加以协调。

【课后拾遗】

　　看到小组成员把我评价为乐天型的，我还是蛮开心的，对照个性表，再看看我的短处，有些确实是蛮符合的，今后这些方面我得注意些，不能再冲动、易怒了，我会尽量改掉这些缺点。

——江苏省南京育英外国语学校　ZHY

活动设计【58】我的自画像

【活动目的】

　　让学生在受保护的环境下，画出自己脑中清晰或模糊的自画像，在自我体验、讨论与分享的过程中逐步探索自我、认识自我、接纳自我。

【活动步骤】

1. 在10~15分钟内,每人在白纸上画一幅"自画像"。

要求:可以用任何形式来画自己,抽象的、形象的、写实的、动物的、植物的,什么都可以,总之把自己心目中的东西画出来,可以有标题也可以无标题。

2. 小组内分享"自画像"。

3. 向小组其他成员简单阐述画的意图。

4. 同组成员就自己不理解的地方提问。

5. 所有作品在展板上展示,小组派代表在全班分享。

【注意事项】

● 提醒大家本游戏不是绘画比赛。

● 分析自画像时应该注意交流。

● 学生分享时教师可以进一步帮助学生探索自我。

【课后拾遗】

"前段时间总会觉得情绪低落,很纠结,觉得人生太失败,可没有风雨怎叫人生?我还是棵小芽,在风雨和阳光前,我走向阳光,寻找太阳。"这段文字我写在了"自画像"的下边,虽然我这棵树苗很弱小,虽然要经常经历狂风暴雨的洗礼,但我依旧会很好地成长!人生如果没有风雨的话,就缺少了色彩!我为自己在高中就知道这些而感到高兴!我喜欢现在的自己!

——安徽省合肥市第八中学 YXH

活动设计【59】我选我喜欢

【活动目的】

通过购买和讨论，让学生在充分的参与和互动中逐渐了解自己的价值取向，学会澄清价值观的方法。让学生明白每个人的选择不同，学会尊重、接受他人的价值取向；同时，也要明白自己的选择背后的含义，学会对自己的选择负责。

【活动步骤】

1. 请各小组组长上台领取本组活动所需物品。

《购物清单》每人一张、《自我分析表》每人一张。

《购物清单》					
序号	商品名称	购买意向	初步分配	金额修改	最后出价
1	消除世上所有的偏见				
2	帮助病人和穷人				
3	成为知名的人物				
4	拥有赚钱的能力				
5	天天吃最好的菜				
6	能使人不说谎的疫苗				
7	按自己愿望布置环境				
8	成为世界上最有钱的人				
9	做机构最高领导				
10	找到自己的知己				
11	成为最具吸引力的人				
12	活到100岁不生病				
13	接受权威的心理分析				
14	名作收集完备的图书馆				
15	与家人和睦相处				
16	清除世上不公平的事				
17	发现宝藏捐给慈善机构				
18	获得某项荣誉				

续表

19	精通某项业务				
20	享受各地的美食				
21	能使人真诚的设备				
22	能轻松从容地做自己想做的事				
23	一个堆满珍宝的房间				
24	控制50万人的命运				
25	拥有一群朋友				
26	有吸引人的外貌和服饰				
27	成为健康充满活力的人				
28	能免除心理困扰的药物				
29	一台能得到所需信息的电脑				
30	和家人去旅游				

《自我分析表》

你花钱最多的是：

你的理由是：

你花钱第二多的是：

你的理由是：

你花钱第三多的是：

你的理由是：

说明：如果买的东西少于3件，就按实际情况填写。

2. 小组长把物品分给每位同学，大家按照教师的指令统一行动。

3. 先看一下《购物清单》，找到那些自己想要的商品，并在该商品对应的"购买意向"栏目上打"√"。根据自己的真实想法来打钩，不想要的不用处理。

4. 现在，假定每个人手上都有3万元虚拟人民币，每个人用手上的资金来买自己想要的东西，自己决定花多少钱、买什么。

- 这3万元代表了一生的精力和时间。
- 3万元资金要刚好花完，不能剩余，也不能透支、借用等。
- 购买时，资金不能平均分配，必须有多有少，有所侧重。
- 钱的多少，代表该商品在你心中的重要程度。

- 根据自己的情况选择，可以买一样，也可以全部买。
- 不买的东西，将会在我们生活中彻底消失。
- 仔细考虑，独立思考，不能讨论。

5. 小组交流：

（1）每位组员介绍自己花多少资金，买了什么东西，为什么这么选择？对于不同的建议，大家可以讨论。（教师巡视，便于了解各组的购买情况，并及时引导学生。）

（2）听了同学们的想法，你要不要修改呢？给大家3分钟时间考虑，如果修改，在"金额修改"一栏写上调整后的数字。

6. 根据初步分配和金额修改的情况，在"最后出价"一栏写上最后的价格。
7. 每位同学根据自己的选择，完成《自我分析表》。
8. 每个小组派代表分享自己的选择及理由。

【注意事项】

- 资金不能平均分配，以区别重要程度；
- 强调不选的东西将在生活中消失，促使学生慎重选择；
- 对于修改自己购买出价的学生，教师应多关注、多引导。

【课后拾遗】

　　我一开始没听清要求，把资金平均分配了。老师指出后，我再重新进行了分配，感觉好难啊！表格中的大部分物品都是我想要的。没办法，我最后花钱最多的是12号（活到100岁不生病），因为前一段我刚生病了，这让我觉得健康是最重要的，没有健康，其他一切都没有用。

——浙江省桐乡市凤鸣高级中学　CSD

活动设计【60】我这个橘子

【活动目的】

在活动中,通过对一个普通橘子的观察、寻找,感悟到自我的特点和独特之处,深化对自我的认识与理解,也同时完成对自我的接纳,在此基础上,还可以进一步为接纳他人打好基础。

【活动步骤】

1. 每个小组组长上台领取橘子、每人一个。

2. 现在花十分钟认真观察自己的橘子,尽量调动一切感觉,如视觉、听觉、嗅觉、触觉等,先用眼睛观察,然后闭上眼睛,感觉橘子的触觉等其他特征。

3. 10分钟后,将自己的橘子和别人的混在一起,看看大家是否能找到自己的橘子。

4. 再次将橘子混在一起,所有人闭眼去找自己的橘子。

5. 小组分享:

(1) 你的橘子有哪些特点,你是怎么找到的?找不到也要讲讲原因。

(2) 找到(找不到)后的感觉如何?找橘子的练习给你哪些启发?

【注意事项】

- 在活动中严禁学生在橘子上做标记,一定要保持橘子的原样。
- 允许学生在观察自己橘子的同时,也观察别人的橘子。
- 在购买橘子时,橘子之间不要有太大的差异。

【课后拾遗】

　　为了闭着眼睛也能找到橘子，我想出了用我的手温暖橘子，使橘子的温度明显高于其他橘子的办法，果然我很快顺利地找到了我的橘子。看到其他同学没有找到橘子的样子，我真的很开心很自豪！这次活动让我发现我原来并不笨，竟然还有些小聪明。原来事情的成败在于你是否用心去做，从今以后，我一定要用心学习，实现我的梦想！耶！

——江苏省宝应县画川高级中学　LT

活动设计【61】寻找我自己

【活动目的】

通过从别人的眼中寻找自己，可以了解到自己眼中的"我"和别人眼中的"我"的区别，从而促进对自己的了解，也通过和同学的互动来增进彼此的友谊。

【活动步骤】

1. 课前准备：

　　（1）课前准备一张一面画了圆的白纸（最好用铅笔画）；

　　（2）课前将全班同学编号，并把编号和名字写在小纸条上，放进一个小纸箱里；

　　（3）全班同学按照事先分好的小组集中坐在一起。

2. 教师引导：

　　同学们，在正式上课之前，请同学们看老师手里拿的是什么（教师拿起一张白纸）。对，从正面看是一张白纸，那么现在老师想请问你们，如果把这张纸翻过来的话，你们会看到什么呢？（请学生回答，然后翻过纸）同学们刚才的回答都非常精彩，但是现在请看，这张纸的反面老师画了一个圆，如果不把这张白纸翻过来的话,我们可能想当然地以为这就是一张白纸,正面和反面没有差别,这样我们就会得出错误的结论。那么如果把"我"作为一个客观的对象,自己眼中的"我"和别人眼中的"我"会是一样的吗?如果不一样,会有怎样的区别呢?

3.活动过程:

(1)宣布规则:每个同学需抱着认真、客观、负责的态度参与这次活动;在写评语的过程中,不能与人交流。

(2)请每个同学从小纸箱里抽取一张纸条,把编号写在发下来的彩纸上;

(3)根据自己对所抽取到的同学的了解,在发下来的彩纸上写出"我眼中的她(他)",要求从人物形象、性格特点等出发来写(老师可以通过PPT呈现一些形容人物性格特点、外貌特征的词语,并给予同学们一些提示),也可以自己想,一定要根据真实情况写出5—10条。

(4)写完后,请学生按照编号的顺序把收上来的彩纸分别贴在教室前面和后面的黑板上,然后让学生在众多的评价中去寻找自己。

4.给各小组各5分钟的时间来讨论三个问题:

(1)在活动过程中是否很容易就找到了"自己";

(2)为什么你认为你选择的这份评语所评价的人是你?

(3)你觉得评语里的哪些内容与自己不符?

5.每组派一个代表上台分享。

6.教师对发言的学生和彩纸上编号的名字进行确认,并请写评语的同学分享他(她)的感受。

【注意事项】

- 强调应抱着认真、负责、客观的态度来参与这次活动。
- 写评语时教师要在教室里走动,确保在此过程中同学之间没有互相交流。
- 在分享环节可以请那些寻找不到"自己"的同学分享他们的感受。

【课后拾遗】

我在"寻找自己"这个环节花了较长的时间，因为我一直以为自己是个很容易相处的人，完全没想到在同学的眼里我竟然是个有点高傲、难以接近的人，所以在活动开始后，我找了很久都没找到符合"我"的形象的评价。通过这次活动，我认识到别人眼中的"我"和自己眼中的"我"存在着很大的差别，这也使得我对自己有了更深刻和全面的认识。我想以后我会跟同学多一些交往，从他们的反馈中及时地调整自己的言行举止。也希望老师能够多组织一些类似的活动，让我们每个人都能够更好地认识自己。

——湖南省怀化铁路第一中学　WXY

活动设计【62】站队识性格

【活动目的】

能够利用性格理论探索自己的性格，了解自己的性格特征；通过对性格的了解，澄清自己理想的学习生活方式。

【活动步骤】

1. 布置场地：

将教室里面的座椅尽量往四周摆放，在教室的中央腾出足够学生活动的空间。将学生全部组织到教室中央。

2. 开始配对游戏：

教师举出小动物的图片，请学生说出与小动物相应的个性特点，引起学生的兴趣，导入课程。如：小猪—懒惰；老鼠—胆小；牛—勤劳；羊—温顺；狐狸—狡猾；狗—忠实；考拉—谨慎；孔雀—迅速……

3. 教师让所有学生在教室的中间站好，可以用PPT展示下列文字：

A：团体讨论中能够直言自己的观点。喜怒哀乐都很容易被别人察觉。	B：擅长用文字、邮件的方式来表达想法。朋友不多，但知心，志趣相投。
兴趣广泛，而且都经常投入其中。	经常是想的多，但做的少。

学生观看完后，让学生做出选择，看看自己更属于文本的特征A型还是B型，然后学生根据自己的情况站队，觉得自己是A型的站在教室的左侧，觉得自己是B型的站在教室的右侧。学生有30秒的时间找到自己的位置。

（1）学生排好队后，教师宣布：

同学们各自检查队伍的成员，如果发现不属于你们类型的，可以讨论让他回归到自己的团队。时间是3分钟，通过小组表决的方式，如果有2/3的成员认为某同学不属于你们组，则该学生应该离开本组到对面一组去。

（2）站队完毕后，教师公布答案：

A队学生具有偏外向（E）特征，B队学生具有偏内向（I）特征。用PPT或展板展示以下内容：

外向（E）：热情洋溢	内向（I）：冷静，谨慎
生机勃勃，善于表达	稳重，不愿意主动表达
听、说、想同时进行	先听，后想，再说
语速快，嗓门高	语速慢，语调平稳
注意力容易分散	注意力很集中
喜欢人多的场合	喜欢独自消磨时间
关注问题的广度	关注问题的深度
能量来自与外界的互相作用	能量来自内心的思考与推理

学生可根据自己的特征，选择自己的能量获得途径：外向（E），内向（I），并要求学生记住。完毕后，要求学生解散。

4. 教师提问：如果要给学生讲授海洋的相关知识，你会选择教学生"海洋的定义"还是"画一幅海洋的图画"？选择给定义的为A队，选择画画的为B队。让学生在1分钟之内作好自己的选择。

(1) 选择完毕后，教师用PPT或者展板公布。

感觉（S）：关注事实存在	直觉（N）：关注事物背后的意义
思维连贯，喜欢从事实际性的工作	习惯比喻、推理与暗示
留心细节、现在	喜欢从事创造性的工作
谈话目标清楚，方式直接	谈话目标宏观、方式复杂，思维跳跃
以客观现实为依据	关注总体、未来
对身体敏感	精力集中于自己的思想

(2) 告诉学生，选择画画的更倾向于拥有直觉特征，选择下定义的更倾向于感觉特征。要求学生对照自己的实际，在2分钟之内反思自己的选择，作出最后的决定，然后找到自己的队伍，并记住自己的队伍。之后解散队伍，重新将学生集合到一起。

5. 想象一下：

(1) 你是一个篮球队的队长，你必须选择一名队员为"年度篮球先生"。最后有两个候选人：A和B。那么你倾向于谁？

A是低年级学生，他为球队赢得了许多荣誉，并使得全队获得年度金奖。虽然A是天生的运动健将，但他还是非常尽力地打好每场比赛。自然了，相信所有的人都会毫无异议地同意A获得这个荣誉。B虽然不是最佳的球手，但是他付出了超出常人的努力去练球，总是拿出150%的努力打好每场比赛。每一场比赛他都热情高涨，并且很好地鼓动其他的战友共同努力。B是高年级的，因为家境问题，高中毕业后就得找工作，而不能进入大学学习，这次可能是他唯一的一次获得这样荣誉的机会，奖金还可能使他有机会继续读书。所以，出于公平起见，选择必须仅仅根据赛场表现来做出。如果有偏袒，那么会开一个不好的先例。

(2)教师宣布：选A的为A队，选择B的为B队，并请学生分别站到自己选择的组里去。学生站好后，教师用PPT或者展板显示：情感（F），思考（T）；并公布选A的人的特质是思考型性格，选B的学生属于情感型性格。

T: 行事冷静，公事公办	很少赞扬别人	F: 行为温和，注重细节	习惯赞美别人
言语平实、生硬	坚定、自信	言语友善、委婉	犹豫、情绪化
关注事情的客观公平	人际关系不敏感	关注个人感受与价值观	尽量避免争论和矛盾
遵照客观逻辑推理		倾向主观想法与道德评判	

6. 活动结束后，所有的学生围坐成一个圈，为了让学生能够把在活动中体验到的东西表达出来，教师可以引导学生讨论：

(1)你的性格类型是哪一类？为什么会是这样的性格类型？

(2)你作出选择的标准是什么？

(3)你对今天的"站队识性格"活动有怎样的思考和感悟？

【注意事项】

● 为保证秩序可以不搬动座椅。

● 引导学生将性格和学习生活方式匹配起来，将能更好地促使自己进步。

● 活动的时候，注意学生的安全，杜绝学生因为打闹造成意外伤害。

【课后拾遗】

以前我对自己的性格的了解，只是局限于知道自己是外向还是内向，现在我知道了，性格包括很多的东西。通过活动，我对自己认识得更清楚了。

——江西省信丰县第二中学 LQP

第六章　助人自助类

活动设计【63】不倒的森林

【活动目的】

通过游戏的形式让学生在充分的参与和互动中体会团结合作的重要性以及个人在团体中的重要性。

【活动步骤】

1. 每小组派一名成员领取与本小组人数相同数量的PVC杆，并分给小组成员。

2. 教师宣布活动规则：

    (1) 小组成员围成一个圆圈，双脚打开与肩同宽，成员之间相距半个手臂的距离。

    (2) 每位成员让杆直立在自己面前两脚之间，要求相邻每根杆间隔大概一个手臂远。

    (3) 用右手掌心按住杆的上面，左手放在背后，保持杆直立。

3. 当听到口令后，学生放开自己手下的杆，统一向一个方向移动，用手掌压稳前面人的杆。小组可以集体喊口令或指定一名成员喊口令。不允许有任何人的杆落地，不间断完成10次。如果杆落地，则需从头开始。给每个小组10分钟的练习时间。

4. 宣布比赛规则：

    (1) 要求听到开始的命令后，各小组杆不落地不间断完成规定动作10次。

    (2) 一旦有一根杆落地，就要重新开始计数，直到不间断完成10次。

（3）最先完成任务的小组为优胜者。

5. 开始比赛：所有小组都完成规定动作连续10杆不倒。比赛结束，公布比赛结果。最快不间断完成10杆不倒的小组为优胜组。

6. 请学生思考：

（1）在这个活动中，你的责任在什么地方？是不是仅仅抓住前面的竿子就够了？

（2）在这个活动中，你是否感受到了团队的默契和节奏？这种感觉是如何形成的？

（3）看似不可能完成的任务，通过团队的力量达到之后，你的内心感受是怎样的？

7. 每一组选1—2名学生代表上台分享。

【注意事项】

- 要求每根杆的距离基本一致。
- 最好能有几位监督员在各小组旁负责数数和监督。
- 可适当增加难度，让活动更具挑战性，如增加到连续20杆不倒。

【课后拾遗】

　　我很开心，因为我们组是最快完成任务的，第二次就顺利完成了。刚开始我觉得这个游戏好简单啊，不就是大家都专心一点、稳一点嘛！在练习的时候我才发现，我们虽然都知道该怎么做，但做的过程当中总会发生一些意外。这让我知道做事情想是一回事，做又是另外一回事，我们可以控制自己，但不能控制别人，当自己或别人失误的时候要用包容的心态去看待，不能因此产生情绪或互相埋怨，那只会导致更多的问题出现。我觉得我们小组的同学真的很棒。

——广西壮族自治区邕宁高级中学　KYH

活动设计【64】共划友谊船

【活动目的】

在活动中感悟自己在交往中的方式和方法,通过讨论形成新的观点,从而初步扩大学生的交友范围,掌握交友技巧。

【活动过程】

1. 根据班级人数每人发放一张扑克牌。教师宣布规则:

(1) 确定具体分工:

船长:由拿到A的同学担任,负责具体协调,让船保持平衡。

发言人:由拿到10的同学担任,具体负责发言。

外联:由拿到K的同学担任,具体负责一些对外交往的事务,如:可以到其他小组去观察交流。

(2) 为本组的船取一个与友谊相关的名字。

要求:富有创意,字数不要太多。

2. 请船长到教师处领取彩纸,同时请各船的学生把所起船名写在纸的最上方,注意字要大一点并设计得形象美观些。

3. 由发言人到台上大声向大家介绍自己组的船名,之后就开始"起航"。

红桃组——

黑桃组——

方块组——

梅花组——

我们的船就要起航了,这时来了位客人。我们的船长很热情,连忙招呼客人上船,并问客人要去哪里。客人答"随便去哪儿"。船长很奇怪,怎么会有这样的客人呢?组长仔细看看这位客人,发现他的情绪不好,于是主动和客人交谈，得知客人正因为自己没有朋友而深感孤独和苦恼，他很希望能有朋友和他一起感受快乐，听他倾吐心事，却又无力去改变现状。这时，船长想到一个好去处，那是个有着神奇魅力的小岛，客人去了那里后一定可以交到朋友。

故事暂时中止，留给大家一个悬念：那个小岛有什么神奇的魅力呢，能让人找到友谊？

4. 小组讨论：

(1) 小组讨论并设计一个小岛的全景图，图文并茂，要能体现小岛神奇的魅力。

(2) 结合本组的设计，用语言来叙述客人在小岛上将如何获得友谊。

(3) 外联可以到其他小组参观交流，注意各组设计要有一定的原创性。

(4) 设计完成后，由各组外联到台上将设计图展示给大家，发言人根据设计图向大家讲述客人如何获得友谊。

【注意事项】

● 积极引导学生集思广益，将更多关于友谊的信息分享给大家。

● 及时关注学生情绪反应，避免出现嘲笑与人身攻击的现象。

【课后拾遗】

活动开始时，给每个人一张扑克牌，感觉很好奇也很神秘。开始我以为是让我们比大小，后来才知道是以相同花色为一组，这样打破了班级中原有的小圈子，能更开放地活动，感觉很开心。

——浙江省桐乡市高级中学　HCC

活动要求给船起名字，并且要起与主题有关的名字，我们小组成员想了很多个，都觉得不满意，最后大家决定用《加勒比海盗》中的"黑珍珠号"作为我们的船名，因为"黑珍珠号"就象征着团结与友谊，我们希望我们小组也能这样团结友爱。

——浙江省桐乡市高级中学　WXH

活动设计【65】合力吹气球

【活动目的】

通过游戏、讨论、分享等方法锻炼学生的沟通配合能力，树立合作意识，体验合作的乐趣。

【活动步骤】

1. 组织学生按照"1"、"2"、"3"、"4"、"5"依次报数，喊到相同数字的学生自动组成5人小组，最后如果剩余人数不足以组成5人小组，则邀请他们担任游戏计时员和监督员。

2. 各小组先自荐或大家共同推荐一名组长，作为本小组的游戏组织者。

3. 请各小组组长到教师处领取游戏所用物品：3个气球、5张分别写有"手"（2张）、"嘴"、"脚"、"屁股"等文字并折叠好的纸条。

4. 各小组组长组织本小组成员抽签，每人明确自己所抽到的角色。

5. 教师宣布游戏规则：

(1) 游戏以小组为单位进行，要求小组成员分工协作，将分发的3个气球吹起来，并压爆。看看哪个小组在最短的时间内能够完成游戏任务。

(2) 具体的游戏规则是：抽到"手"的2个同学共同拿着气球协助抽到"嘴"的那个同学将气球吹起来（抽到"嘴"的那个同学不允许用手碰气球），随后抽到"手"的同学将吹起来的气球打个结，系好，再协助抽到"脚"的同学将气球夹在两腿间，然后抽到"脚"的同学用腿夹住气球，跑到抽到"屁股"的同学那儿，抽到"屁股"的同学再用屁股把气球压爆。哪组同学在最短的时间内将3个气球全部压爆，哪组就获胜。

(3) 确定比赛的起点，各组抽到"屁股"的同学到达指定位置（游戏终点）。

(4)告诉监督员:要严格把好关,发现哪个小组出现违规行为,及时予以提醒,严重者取消比赛成绩。同时请各小组间互相监督,确保比赛的公平、公正。

6. 学生听哨声开始做游戏(可分成两到三组完成,老师及相关学生负责计时以及游戏过程的监督)。

7. 游戏结束后,教师统计并当场公布各小组比赛成绩,评选出优胜小组。

8. 组织学生展开讨论,各组确定一名同学为小组发言人作为代表分享。

(1)你们对本组在游戏中的表现满意吗?

(2)你们是否为取得比赛的胜利作了较好的沟通与配合?

(3)你们对今天的游戏活动有怎样的思考和感悟?

【注意事项】

● 除了抽到"手"的学生外,其余学生都不能用手接触气球。

● 计时员、监督员要认真负责。

【课后拾遗】

　　我在游戏中抽到的是"嘴",刚开始吹气球时由于两个抽到"手"的同学不好意思直接将气球堵在我的嘴上,只是用手撑着气球的口,结果怎么吹也吹不起来,我急得真想自己用手拿着吹,后来我们作了沟通,大家才配合成功,快速将3个气球吹了起来。通过这个游戏,我懂得了沟通的重要性。有效沟通才能默契配合。

——山东省荣成市第一中学　HLB

活动设计【66】集体俯卧撑

【活动目的】

通过游戏的形式让学生在充分的参与和互动中体会相互支持、相互合作的团队精神。

【活动步骤】

1. 各小组围成圈站好,然后听教师的口令每个成员趴下做一个俯卧撑。

2. 教师先选择4名学生示范,并亲自指导示范。

3. 4名学生呈方形站好后,先趴在地上,然后把双脚放在后一名学生的背上,老师帮忙调整他们的姿势。集体俯卧撑动作完成的要求是:地上只有4双手,所有人胸部和腹部不能着地。教师发口令示范队员集体做一个俯卧撑。

4. 教师宣布比赛规则:

(1) 每组先派4名首发组员开始比赛。

(2) 4名首发成员成功做完第一个俯卧撑后,其余组员便参与进来。每做完一个集体俯卧撑,就增加一名组员;

(3) 每次做集体俯卧撑,每个队员都必须从趴在地上开始;

(4) 动作要求是地上只有手,胸部和腹部不能着地;

(5) 限定的10分钟内,哪个组参与并成功完成俯卧撑的成员最多为胜出。

5. 给每小组10分钟时间自由练习。各小组首先选出4名至少能做一个俯卧撑的首发组员。做不了俯卧撑的成员作为监护员,并在旁边帮忙调整他们的姿势。

6. 教师宣布比赛开始,限定时间到后比赛结束。

7. 请优胜组谈体会:你们取得胜利的秘诀是什么?

8. 活动分享:

(1) 这个游戏活动给你的感悟是什么？你认为能以最快的速度让更多的成员成功完成集体俯卧撑的秘诀在哪里？

(2) 当你一个人完成一个俯卧撑之后，老师要求大家完成集体俯卧撑，你在做之前是怎么想的？做的过程中和顺利完成任务之后你又有什么体会？

9. 每一组选1—2名学生代表上台分享。

【注意事项】

● 避免腰部有伤的同学参加此活动。

● 每组的监护员要认真负责，帮助参与的成员调整姿势，保护他们避免受伤。

● 每次都必须要求成员先趴在地上再起来，避免运动量过大使腰部和手臂受伤。

【课后拾遗】

刚开始我觉得这个任务对于我来说并不难，所以我作为首发队员上场了。开始的第一次练习并不成功，我们就总结反思了一下，发现一定要步调一致地起来才相互有支撑力。最后我们一次次的成功了，不过问题也来了，我们首发的4名成员到后面，力气已经消耗得差不多了，但为了团队的荣誉，我们咬着牙坚持到了最后，真的很累，但也很有成就感。

——广西壮族自治区邕宁高级中学　HGI

 活动设计【67】盲人一起走

【活动目的】

通过体验和引导盲人走路的方式，让学生在充分的参与和互动中明白困境中的感受，并学会互帮互助。

【活动器材】

眼罩、秒表、小组号码牌若干（具体数目根据小组数而定）。

【活动步骤】

1. 场地布置：把班级的过道布置成盲人行走的路线。每条路呈")"形，宽50～60厘米，长度是从教室后面到讲台。路上放置6个矿泉水瓶，并拉上高分别为40厘米、80厘米的两根线。每间教室布置成两条路，在起点、终点分别画上一条线作为标志。老师可以根据教室具体情况布置路线，只要各条路线的难度一致就好。

2. 请各小组组长上台领取物品：眼罩1个、秒表1个、小组号码牌1块。

3. 每个小组推荐一名同学担任计时员、一位同学担任监督员，每组派4名同学（2男、2女）参加比赛。

4. 教师向学生宣布游戏规则：

(1) 游戏以比赛的形式开展，以小组为单位。

(2) 活动分4轮，每轮每组派两名选手参加，一名当盲人，一名当引导者。

(3) 比赛总成绩为4轮成绩的总和，用时最少的小组将成为优胜小组。

(4) 每位参赛同学都要分别扮演盲人和引导者的角色。

(5) 当一个小组出发后，下一组准备好，站在起点线外等候。

(6) 引导者只能用声音来引导，不能进行身体接触，更不能拉着盲人的衣服走。

(7) 盲人每触碰障碍物（包括桌椅、瓶子、线等）一次，本轮成绩中即加10秒。

(8) 如出现违规情况，参赛选手必须从起点重新开始，且计时不停止。以下情况视为违规：盲人故意撞掉障碍物或用眼睛偷看；引导者与盲人有牵、拉动作；没有完成规定线路等。

(9) 每轮活动的成绩及时在黑板上公布。

成绩统计表（写黑板上）					
小组	成绩1	成绩2	成绩3	成绩4	总成绩
1					
2					
3					
4					
5					
6					
7					
8					

5. 给各小组2分钟的时间讨论：怎样配合可以更好地完成游戏？

6. 教师提醒协助人员注意事项：

(1) 监督员操作注意事项

监督指定小组的成员比赛，一定要看仔细，如果有违规或者碰到障碍物，要及时并大声地告诉全班同学，同时作好记录。当该小组完成任务时，及时把违规加时告诉计时员。

监督员须遵守客观、公正的原则。监督实行交叉监督，第一组的监督员监督第二组；第二组的监督员监督第三组，……最后一组的监督员监督第一组。

(2) 计时员操作注意事项

喊"开始"的同时，按下秒表的计时键开始计时。当盲人跨过终点线时计时停止。每一轮比赛结束，及时把成绩写在黑板上，以便大家了解本组的成绩。每组成绩都是秒表显示的时间加上违规加时。

7. 游戏开始（教师负责维持活动现场的秩序）。

8. 活动结束后，教师及时计算各小组最后的成绩，并评选出优胜小组。

9. 请各小组讨论以下三个问题：

(1) 你们小组对最后的成绩满意吗？请简述理由。

(2) 你们组有没有找到更好的方法来完成比赛呢？

(3) 你们对今天的活动有怎样的思考和感悟？

10. 请每组派一名代表上台分享。

【注意事项】

- 这个活动可以在室外进行，行走路线稍微修改一下即可；
- 教师要随时关注，注意学生安全，避免出现意外事故；
- 这个活动除了用在团队合作上，也可以用在信任的话题上。

【课后拾遗】

我很开心能参加盲人走路的体验活动。我是先当盲人的，被蒙上眼睛的那会儿，我突然觉得好害怕，不敢往前走。特别是，我自己觉得方向没错，而同伴却总是要我往左边移动，我好矛盾。经过内心的纠结，最后，我选择了相信他，还好没有被撞到，而且我的成绩还不错。

——浙江省桐乡市凤鸣高级中学　　SY

 活动设计【68】盲哑人排队

【活动目的】

认识沟通的意义及方式。

【活动器材】

- 眼罩或蒙眼布，每人1个。
- 小纸盒1个，装卡片，供人抽取。

【活动步骤】

1. 课前准备写有数字1～30的卡片,共30张(事先不能让小组成员知道数字范围)。

2. 学生入座:全班学生按照事先分好的小组集中在一起,小组派代表到教师处领取蒙眼布,发给小组成员,每人1条。

3. 教师宣布规则:从现在开始,每个人都变成了哑巴,不能说话。然后以组为单位,依次每人从教师手上的纸盒子中抽取一张卡片,记住卡片上的数字,注意不能让他人看到自己的数字,记住数字后将卡片放回盒子里,卡片上的数字就是自己的编号。之后各自回到自己的小组,用蒙眼布蒙住自己的眼睛。(待所有学生将眼睛蒙好后)这时,大家又看不到任何的东西了,也就是说,变成了盲哑人。接下来,每一组的盲哑人接到一项任务!要按照编号的大小顺序排成一行。比如,小组里面有人抽到12、8、5、29的,最后小组成员站立的顺序就应该是5、8、12、29。在这个过程中不能说话,也看不到东西,大家必须开动脑筋,想出办法完成任务。

4. 开始活动:学生分小组在各自活动区域内开始排队的活动。觉得自己已经完成任务的小组就可原地排队站好,摘下蒙眼布,待老师确认是否排序正确(教师提问每一个人的数字是多少即可确定排序是否正确,记录下各组排序错误的人数。)排序正确的组可以掌声庆贺自己的成功,总结小组成功经验,出现错误的小组可组织小组成员分析原因。

5. 全体学生讨论分享:

(1) 变成盲哑人,看不到、不能说话,不能像平常那样和他人沟通交流的时候,我们的心情如何,我们的生活会受到哪些影响?

(2) 除了用语言方式和人沟通以外,还可以用哪些方式与他人沟通?

(3) 你们组在游戏中成功或者失败的原因在哪里,你有哪些体验和感悟?

【注意事项】

● 场地要选相对较宽敞的地方,让各小组彼此不干扰。

- 要选择安全的场地，最好是空地，没有任何障碍物。
- 注意观察各小组成员如何探讨新的沟通模式。

【课后拾遗】

当我蒙上眼睛的一瞬间，我觉得好黑暗、好恐惧，很怕自己会摔倒。老师说我们还要在不能用语言交流的情况下按照顺序排队，我觉得好难啊！我什么都看不见，分不清东南西北了，连我的队员在哪里都搞不清楚。我只能摸索着移动了两步，听到前面有人在拍掌，离我很近，突然心里就踏实了许多，有种"终于找到组织了"的感觉。然后我就上前拉住了她。我们在相互的手掌上写自己的数字，然后就拉着手去找其他人。虽然刚开始很混乱，不过还好，经过大家的努力我们终于完成了任务，取下眼罩的时候，我突然觉得很庆幸，我能看到世界，能说话，这是多么值得庆幸！

——四川省隆昌县第一中学 LXJ

活动设计【69】能量传送带

【活动目的】

通过游戏活动和讨论分享，使学生明白，信任行为反映的是"道德责任或义务"。信任关系的深度也决定着合作的强度，弱信任关系支持弱合作，强信任则造就强合作。

【活动步骤】

1. 教师宣布活动要求：

（1）扮演"能量"的同学身体直立，低头含胸，双手十指交叉置于胸前（为了防止后倒时双手打开伤到他人，可用彩带绑住其双手），双臂夹紧，站在地面上直直往后倒向传送带。

(2)教师讲解,找10个学生示范。然后把全班学生按人数均分成两组,下肢以前弓后箭的姿势面对面站立,上肢双臂夹紧身体,肘关节弯曲,前臂与地面平行,手掌张开掌心向上,身体挺拔稍后仰,两组以交错的站位形成一条传送带。传送带的开始部分较低,逐渐往上传送。根据场地和学生的情况,中间可做一些波浪起伏。

(3)扮演"能量"的同学身体要直直地后倒,把重力分散到尽可能多的同学手上。

(4)做传送带的同学弓步站立时,弓步的膝盖和对面同学的相同部位错位靠紧。

(5)传送时用前臂的力量把"能量"轻轻抛起往后传送。

2.游戏开始:

(1)找4个同学做安全保护工作,并维持秩序,以保证传送带的完整(到游戏中后期可换人)。一名学生扮演"能量",一名学生在旁边作替补准备。

(2)"能量"背对传送带,向自己的团队大声喊出:"我的团队准备好了吗?"传送带的同学大声回应:"准备好了!"

"能量"喊:"我要倒了!"

传送带的同学喊:"倒吧!"

(3)扮演"能量"的同学直直地向后倒向传送带,传送带的同学用前臂的力量把"能量"轻轻抛起往后传送,传送至最后把"能量"轻轻放下。

(4)"能量"从传送带上下来后,站到传送带的后面做传送带,传送带最前面的同学作为"能量"替补,原替补改做"能量"。游戏继续,直到全部同学都体验过"能量",游戏结束。

3.游戏结束后分成6人一组进行分享:

(1)在游戏前你有什么样的感觉?

(2)做传送带的时候你是怎么样的?

(3)当你作为"能量"准备往后倒时,你的心情如何?

(4)随着传送的变化,你的心情有什么变化?

4.请各小组派一名代表上台分享。

【注意事项】

- 注意做好安全保护工作,保证游戏的安全、顺利进行。
- 做传送带的同学要做到精力集中,协调配合。
- 扮演"能量"的同学身体应挺直放松。

【课后拾遗】

刚开始看到别人倒下时尖叫,觉得他们很幼稚,这都怕,我才不怕呢!但到自己真的要倒下时,确实是很害怕,害怕别人接不住自己(虽然前面有很多同学做了都没事)。倒到传送带上就不怕了,越到后面越享受其中的乐趣。

——广东省东莞市第四中学　LZX

 **活动设计【70】一起坐人椅**

【活动目的】

通过人椅活动,让学生认识到在团队中增强自我价值、信任他人对团队活动是有益的。

【活动步骤】

1. 请10个女生或男生到教室中间作简单的示范:

(1) 10个学生围成一圈。

(2) 每个学生双手搭在前面学生的肩膀上。

(3) 每个学生之间的距离要保持在3～4厘米。

(4) 在教师的指导下,每个学生慢慢地坐下来,做到后面学生的大腿上。

(5) 所有学生坐好后,形成一个圆形的"人椅"。

(6) 请学生起立,教师告诉学生,在正式活动中形成人椅后,教师还会指导学生做一些动作。

2. 请其中一组学生先开始正式活动，其他同学在旁边观看。

(1) 请该组全体组员围成一圈。

(2) 每个学生双手搭在前面一个学生的肩膀上。

(3) 每个学生之间的距离要保持在3～4厘米。

(4) 在教师的指导下，所有学生慢慢地坐下来，坐到后面同学的大腿上。

(5) 所有学生坐好后，形成一个圆形的"人椅"。

(6) 在教师的指令下，组成人椅的学生开始慢慢把搭在同学肩膀上的双手放开。

(7) 组成人椅的学生一边喊"勇往直前"，一起把身体往前面同学的身上靠，直到自己的头部靠到前面同学的背上，体会靠在同学身体上的感觉是怎样的。大约10秒后，请组成人椅的学生上身恢复原位。

(8) 组成人椅的学生一边喊"勇往后倒"，一起把身体往后面同学的身上靠，身体尽量多地向后靠，体会靠到同学身体上的感觉是怎样的。大约7～8秒后，请组成人椅的学生上身恢复原位。

(9) 请组成人椅的学生起立。

(10) 换另一组学生做以上动作。

3. 在全班同学都体验过这个活动后，通过推荐，选出15个男同学代表男生为一组和15个女同学代表女生为一组。该两组用计时的方法，以比赛的形式，看看哪一组能坚持得更久。

(1) 为公平起见，选4名同学（两男两女）来当计时员和监督员。一个男同学和一个女同学为一组，共两组。该两组中，女同学拿计时器负责计时，男同学在一旁监督。

(2) 请两组学生分别站好围成一个圈。

(3) 在教师的指令下所有学生把手搭在前面学生的肩膀上。

(4) 在教师的指导下所有学生慢慢地坐下来，坐到后面学生的大腿上。

(5) 所有学生坐好后，形成两个圆形的"人椅"。

(6) 计时员开始计时。

(7) 当其中一组有人坚持不下去（有人摔倒或有人站立）时，则该组失败，另一组获胜。

(8) 请参与活动的全体学生站起来，宣布获胜组。

4. 请全体学生思考以下问题：

(1) 在活动中，自己的身体状况和精神状态是否发生变化？

(2) 如有以上变化，你是怎么调整的？

(3) 这个活动对你的学习、生活是否有启发？

5. 分别请男同学和女同学上台分享感受。

【注意事项】

- 若示范活动失败，应鼓励学生或降低难度；
- 人数越多，难度会越大；
- 在给学生作示范时，人数要适当，难度要适中。

【课后拾遗】

　　一开始慢慢坐下去的过程中，我有些畏惧。我坐下时有些不稳，尽管手搭在前面同学的肩膀上，但仍怕前面、后面的同学突然倒地，很没安全感。在经过几次的磨合后，我对前后同学的信任增加了，也心安了，而且坐在大腿上的感觉也挺舒服的。这让我感觉生活中我们需要相互信任、相互合作。

——浙江省温州市灵溪中学　　YLH

 活动设计【71】啄木鸟行动

【活动目的】

　　通过与他人合作完成"啄木鸟行动"，从而使学生在合作中体验竞争，在竞争中学会合作。

【活动步骤】

1. 全班学生按照事先分好的小组,以小组为单位相对集中站在一起,主持人(或辅导教师)站在中间位置。

2. 在班里随机选出一名书记员负责在黑板上计分(注:书记员可以是分组后多余的学生),每个小组推选出一名记分员(注:记分员通过抽签随机分到其他组,每一轮活动结束后抽签调组)。

<table>
<tr><td colspan="11" align="center">打分表</td></tr>
<tr><td colspan="3">组 别</td><td>1</td><td>2</td><td>3</td><td>4</td><td>5</td><td>6</td><td>7</td><td>8</td></tr>
<tr><td rowspan="12">轮次</td><td rowspan="3">1</td><td>时间</td><td></td><td></td><td></td><td></td><td></td><td></td><td></td><td></td></tr>
<tr><td>得分</td><td></td><td></td><td></td><td></td><td></td><td></td><td></td><td></td></tr>
<tr><td>名次</td><td></td><td></td><td></td><td></td><td></td><td></td><td></td><td></td></tr>
<tr><td rowspan="3">2</td><td>时间</td><td></td><td></td><td></td><td></td><td></td><td></td><td></td><td></td></tr>
<tr><td>得分</td><td></td><td></td><td></td><td></td><td></td><td></td><td></td><td></td></tr>
<tr><td>名次</td><td></td><td></td><td></td><td></td><td></td><td></td><td></td><td></td></tr>
<tr><td rowspan="3">3</td><td>时间</td><td></td><td></td><td></td><td></td><td></td><td></td><td></td><td></td></tr>
<tr><td>得分</td><td></td><td></td><td></td><td></td><td></td><td></td><td></td><td></td></tr>
<tr><td>名次</td><td></td><td></td><td></td><td></td><td></td><td></td><td></td><td></td></tr>
<tr><td rowspan="3">4</td><td>时间</td><td></td><td></td><td></td><td></td><td></td><td></td><td></td><td></td></tr>
<tr><td>得分</td><td></td><td></td><td></td><td></td><td></td><td></td><td></td><td></td></tr>
<tr><td>名次</td><td></td><td></td><td></td><td></td><td></td><td></td><td></td><td></td></tr>
<tr><td colspan="3">总 分</td><td></td><td></td><td></td><td></td><td></td><td></td><td></td><td></td></tr>
<tr><td colspan="3">名 次</td><td></td><td></td><td></td><td></td><td></td><td></td><td></td><td></td></tr>
</table>

3. 每小组推选一名小组长,小组长除了参加活动外,主要职责是负责协调成员参加活动并及时总结经验,寻找新的方法。

4. 下面请小组长上台领取:橡皮筋1根、小组号牌1个、吸管若干、小纸盒

2个、秒表1只。

5. 主持人宣布活动规则：

(1) 此活动可以多组同时开始，小组成员必须全身心投入活动，记分员本着公平公正的原则，记好小组每一轮活动所用时间，一轮活动结束后将该小组所用时间报书记员。

(2) 活动操作中所有成员将吸管衔在嘴里，把双手背在后面，扮成"啄木鸟"，想办法用嘴里的吸管将"虫子"（橡皮筋）传递给下一个同学（注：主持人动作示范），第一名同学从放在A点的纸盒中将"虫子"衔出，传递给第二名同学，照此类推，最后一名同学将"虫子"放在B点的纸盒中，一轮活动结束，记分员将该小组所用时间报书记员，书记员作好记录。

(3) 此活动分两部分，第一部分是练习，用时5分钟，主要目的是让小组成员相互熟悉并理解活动规则，不计分；第二部分是比赛，分若干轮，每一轮活动结束后记分员和书记员认真计分并给每个小组排名，分出胜负。

(4) 活动中记分员在计分的同时，作好监督检查，所有成员在活动中只能用嘴，不能用手帮忙，否则，按犯规处理。处理办法：将"虫子"退回上一个人重新传递。

(5) 在传递过程中出现"虫子"丢失或掉落情况，必须从原地捡起，从掉落的同学开始继续传递。

(6) 活动中，在默认规则的前提下允许创新。

6. 主持人宣布计分方法（主要由记分员和书记员负责）：

(1) 记分员准确记录小组所用时间，报书记员；书记员负责用粉笔将每一轮小组的得分公布在黑板上。

(2) 按名次给每小组加分，第一名加"N"分（N为小组数），第二名加"N-1"分，照此类推，最后一名加1分。

(3) 整个活动结束后，将每个小组的每一轮成绩累加即为该小组的总得分，并根据总分排名，总得分最高者获胜。

7. 开始活动的第一部分，练习5分钟，记分员熟悉秒表的使用方法。

8. 正式活动开始，主持人负责整个活动的纪律。

9. 每一轮活动结束后，记分员、书记员迅速公布各组在该轮的成绩及名次。

10. 整个活动结束后，主持人公布每个小组的总得分。

11. 请各小组讨论以下几个问题：

(1) 今天哪一组的表现最好？为什么他们会取得这么好的成绩？

(2) 想想还有没有更快、更简单的传递"虫子"的方法？

(3) 今天的活动带给大家怎样的启发和思考？

12. 请各小组组长总结组内成员意见并上台分享。

【注意事项】

- 活动分组以8～12人一组为宜，分男生组和女生组。
- 男生组、女生组分开记分。
- 记分员不能给本组计分，每一轮比赛结束后记分员重新抽签选组。

【课后拾遗】

　　这是一个让人很开心的活动。这个活动让我回到了毫无烦恼的童年时代，我想起了很多儿时的玩伴，想起了那个时候大家在一起开心做游戏的情景，想起了很多美好的事情……现在的生活很单调也很沉闷，每天就像机器一样在教室学习，脑子里永远都只有数学、物理公式、化学方程式、英语单词等。这个活动让我的心灵得到了放松，在专心传递"虫子"的过程中，我的脑子里只有"虫子"，烦恼都被抛至九霄云外，心情也放松了。以后有时间我要多参加这样的活动。

——陕西省勉县第一中学　　ZTH

活动设计【72】坐地与起身

【活动目的】

通过活动帮助学生消除异性同学直接交往的害羞感,从而使集体更加团结协作。

【活动步骤】

1. 教师提前在黑板上画出"情况变动表"。

情况变动表

组号		1	2	3	4	5	6	7	8	9	10
4人	用时										
	名次										
6人	用时										
	名次										
综合成绩	名次										

2. 情境设置:有一天你和几个同学在野外郊游的时候,被绑匪劫持了。他们要求你们相互背对背站立成为一个圆圈,并将你们相邻的两个人的手臂交叉用绳子绑起来。他们把你们全部按坐在地上,以使你们无法逃脱,之后绑匪全部外出寻找食物。只要你们几个人能一起站立起来,就可以慢慢移动,并逃出去。不过时间紧急,5分钟后绑匪就会回来。你们能在5分钟内站起来吗?

3. 找某个小组的3名学生上台示范,教师讲解规则。找1名学生负责计算两次展示中每一次小组人均用时。

游戏规则:

(1)要求3名学生背对背站立,相邻两只手臂交叉扣在一起。

(2)用鞋带把相邻的手绑起来(为防止学生受伤,也可以不绑,要求不松开交叉的手,以象征性表示被绑住)。

(3)要求所有示范学生原地坐下。在不松开手的情况下3名学生以最快速度站起来。教师用秒表计时。

(4)正式比赛时按4人和6人两轮进行,每小组有3次机会。

4.各小组派小组长上讲台抽签决定顺序。

5.各小组练习5分钟。

6.正式比赛:

(1)比赛分两轮进行,第一轮4人,第二轮6人。

(2)各小组依次上台展示。

(3)教师负责计时并将各组两次展示的用时公布在黑板上。

7.各小组同学回到原座位坐好,讨论以下问题:

(1)在最开始活动时,为什么看似简单的动作却无法完成?

(2)为什么在后面的活动中能较顺利地完成动作?秘诀在哪里?

(3)通过这个活动你有怎样的感悟?

8.每组请一名学生上台分享本组的感悟。

【注意事项】

- 尽量每个组男女生都有,避免小组内全部是女生或全部是男生。
- 要求学生不能用手撑地借力。
- 注意提醒学生在起身过程中避免手被相邻同学的脚踩到。

【课后拾遗】

  刚开始尝试时,我们都以为自己会失败,因为这个任务难度太大了。但是在练习的过程中我们找到了技巧,就是要一起用力,虽然成绩不理想,但是我们成功了,而且我们合作得非常好。

——北京师范大学贵阳附属中学 ZJX

第七章　人际交往类

活动设计【73】复制不走样

【活动目的】

通过学习，了解语言沟通是人际沟通的一种主要方式。语言沟通的优点是直接传达信息，不足是信息传达过程中可能会有遗漏、歪曲、再创造等，造成信息的不对称。

学会在人际沟通中信息的完整表达；学会倾听。

【活动步骤】

1. 分发材料：

以6人小组为例，小组内成员以A、B、C、D、E、F为代号。A上台领取本小组所用的白纸、签字笔、信封，将白纸、签字笔发给F。

2. 教师宣布活动程序：每小组第一位成员为组长。

（1）小组成员A打开信封，仔细看清白纸上的一句绕口令："白老八门前栽了白果树，从北边飞来了白八哥儿不知往哪住，白老八拿了棍儿要打白八哥儿，八哥儿却飞上了白果树。"（每组绕口令内容一样）

（2）A轻声耳语把内容告诉B，B轻声耳语把内容告诉C……依次传到小组最后一名成员F。

（3）小组最后一名成员F把听到的内容写在纸上交给老师。

（4）教师以最后交纸时间为准，记录每组所用时间。

（5）教师宣读各小组最后写下来的话，并与原版相对照。

3. 请各小组成员讨论分享：

(1) 语言沟通中为什么会出现错误?

(2) 如何避免语言沟通出现错误?

【注意事项】

- 记录要看哪个小组语言沟通既快又准确;
- 活动进程中,引导小组成员思考如何才能将话语正确传递。

【课后拾遗】

  我是最后一个,虽然只有一句话,但是要把听到的话写下来非常困难,因为我根本不知道前面同学说的是什么。一句非常简单的绕口令都会发生这么多误解,我们日常生活中的交流就更加容易产生误会了。

——江苏省南京市育英第二外国语学校   FYR

 活动设计【74】词汇大接龙

【活动目的】

丰富学生的词汇,培养学生的记忆联想、观察、思考的能力。

在小组成员一起完成团队目标的过程中,感悟团结的力量,懂得"一人知识有限,众人智慧无穷"。增加同学之间的信任感和凝聚力。

【活动步骤】

1. 教师宣布游戏规则:

- 学生根据教师的要求进行小组讨论;
- 每人用纸写出符合要求的词汇;
- 排出接龙人员的顺序;
- 每个类别的讨论时间是2分钟;

- 必须依次作答,每个同学说的词汇不能重复;
- 每个组的学生都可以质疑其他组的词汇的准确性;
- 出现下列情况则被淘汰出局:在5秒钟内接不上来;用词不符合要求;质疑别人失败。
- 某一组的人被淘汰,则由该组的下一位同学顶上继续游戏,直到有一组全部人员被淘汰出局,游戏结束。

2. 用感觉类词汇接龙:感觉是人脑对直接作用于感觉器官的客观事物个别属性的反映。如:冷、渴、痛等。

3. 用情绪、情感词汇接龙:情绪和情感是人对客观外界事物的态度的体验,是人脑对客观外界事物与主体需要之间关系的反映。
- 正面积极乐观的词汇:高兴、快乐等;
- 负面消极痛苦的词汇:悲哀、痛苦等。

4. 小组讨论:
- 成功或失败的原因是什么?
- 通过游戏有怎样的收获?

【注意事项】

- 要处理好"玩"和"讲"的关系。
- 应注意"说"与"写"的关系。

【课后拾遗】

这是一个很好玩的游戏,通过游戏,让我了解了很多有关感觉与情绪、情感的词汇。原来有很多感觉和情绪我不会用词汇来表达,通过这个游戏,我更懂得表达自己的感觉和情感了。

——广东省东莞市第四中学　WNJ

活动设计【75】盲人信任走

 【活动目的】

通过助人与受助的体验,增强对他人的信任与接纳。

让学生感受信任并减少人际间的防备心理。

 【活动步骤】

1. 选择好盲行道路,道路最好不是坦途,有阻碍物、有楼梯,可以室内室外结合。

2. 开始活动:

(1) 推选出一名领导者(必须吐字清楚、方向感强、声音大);

(2) 领导者在整个旅途中只能通过语言引导盲人同学前进,不能使用手势和动作来帮助盲人。

(3) 其余同学都在活动中充当盲人。

(4) 盲人戴上眼罩,先体验一下失去光明后的无助、害怕心理。

(5) 所有人排成一队,每个人双手搭在前一名同学的肩膀上,紧接着戴上眼罩,原地转三圈,领导者通过语言告知已经偏离队伍的盲人,将其引导到队伍中,并且双手扶着前一名同学的肩膀。

(6) 队伍中每一名盲人同学需要将自己听到的领导者的指示向后一名盲人同学转述,否则后一位同学在行进中就可能会有危险,导致活动中断。

3. 小组分享:所有学生以小组为单位围成圆圈进行分享,主要围绕自己在活动中的内心感受、对别人和自己在活动中的表现是否满意,以及在活动中最让自己满意的地方是什么展开表达。

4. 每组派一名学生上台分享。

 【注意事项】

- 因为"旅途"中有上下楼、钻圈等动作,同学间的相互提醒非常重要。
- 提醒断链的盲人同学冷静、沉着。
- 领导者的语言应简练,以提示准确方位及鼓励性的语言为主。

 【课后拾遗】

作为队伍的"尾",应该是最"幸福"了——不用传达什么,只要等前面的同学的口令便可。扶着她的肩膀,是可以完全放心的。除了最基本的"上楼梯"、"向左转"以外,她还会说"别紧张"、"可以再慢些"之类让我无比安心的话。顺利到达后,没有"劫后重逢"的喜极而泣,只是很感动,为人与人之间的信任、为这份温情而感动,仅此而已。10分钟的"盲人旅途"与真正失明者一生黑暗相比,微不足道,但它让我学会珍惜、学会感动。

——安徽省合肥市第八中学　SYT

活动设计【76】你是我朋友

 【活动目的】

让学生体验主动交往的乐趣。

克服主动交往的心理障碍;在活动过程中发现未知的自己;学习交往技巧,体会交往心得,体验交往的快乐。

 【活动步骤】

1. 在背景音乐营造的欢快气氛下,主持人要求每个参与者到场地中央的盘子里选取一张自己喜欢的纸片。

2. 根据自己所选纸片的颜色与形状,到群体中寻找能与自己的图形契合的

"朋友"。

3. 找到"朋友"后,两人坐在一起,相互介绍自己,通过交谈找出彼此间3个以上共同点。

4. 全班交流分享。

5. 再次在群体中寻找与自己的纸片颜色、图形相契合的另两个朋友。

6. 与新朋友相互介绍自己,通过交谈找出彼此间3个以上的共同点。

7. 再次交流分享。

【注意事项】

● 先做大风吹游戏,打乱刚形成的小团体;
● 这一游戏在新入学的群体中进行效果最好;
● 学生寻找的共同点不宜表面化,信息越具体越好。

【课后拾遗】

今天的游戏让我感觉很开心。一直以来我认为自己在人际交往方面是个低能儿,尤其是面对一群人的时候,恨不得找个地缝钻进去,有一种本能的冲动想逃离。今天的游戏让我轻松地跨越了这层障碍——原来,我也可以与陌生人开口交谈啊!原来是我没有掌握交往技巧啊!以后再遇到陌生人的时候,我知道该怎么做了,加油!

——江苏省宝应县画川高级中学 JF

 活动设计【77】平地起高塔

【活动目的】

通过活动训练学生的创新性思维,激发想象力、创造力。

通过共同完成任务,充分发挥集体智慧,提高团队协调合作的能力。

【活动器材】

建塔材料（报纸）若干、胶水

【活动步骤】

1. 全班学生按照事先分好的小组相对集中地坐在一起。每组领取材料1份。

2. 教师宣布活动规则：为考验大家的团队协作能力，由各小组来分别建一座与众不同的"高塔"，只限使用给定的材料。在建塔的过程中不允许说话，可以用非语言形式交流沟通。

3. 开始建"塔"，限时20分钟内完成建"塔"任务，并取好"塔"名。

    (1) 1分钟准备。并选出1名观察员，全程观察小组建"塔"过程。（建议先选出总设计师，并分工）。

    (2) 在建"塔"过程中不许用语言交流，请观察员提醒督促。

4. "塔"建成后，每组派出一名学生代表组成"评委组"，对作品进行评分，并评选出"最具高度奖"、"最佳造型奖"、"最佳创意奖"……

评分表（画在黑板上）							
作品号	1	2	3	4	5	6	……
塔名 (2分)							
塔高度 (2分)							
塔造型 (6分)							
总 分							

5. 各小组成员与作品合影留念。

6. 分组讨论分享：

    ● 在建塔过程中你参与了哪部分的工作？

- 你们建塔的创意是怎样得来的？
- 不能说话时，你们是如何沟通的？
- 你对小组的合作有什么看法？

【注意事项】

- 建"塔"的材料可根据时间长短、场地大小来确定，各组的用量基本相同。强调在建"塔"的过程中不准出声，增加沟通的难度。
- 只能使用规定的材料。

【课后拾遗】

  我们组的"世纪光芒"塔获得"最具高度奖"，老师还让我这个做支架的能手介绍经验，我心里别提有多高兴啦！我在接受任务后，仔细琢磨了如何把一张报纸搓成又长又结实的杆子，经过几次尝试，我发现开始的几圈要搓结实。看到大家对我的劳动成果的肯定，好开心啊！只要用心去多尝试，就会有惊喜。

——湖南省郴州市第二中学 YWH

 活动设计【78】倾听小练习

【活动目的】

- 了解并体验倾听在人际交往中的作用。
- 通过游戏练习倾听的技巧，如动作、表情、语言等。
- 成员在参与游戏的过程中，尝试使用倾听技巧，培养真诚尊重的沟通态度，改善不适当的沟通行为，发展人际沟通技巧。

【活动步骤】

1. 全班学生接连报数,"1"、"2"、"1"、"2"……

2. 报"1"的在内圈,报"2"的在外圈(都坐在椅子上)。

3. 教师念出第一个题目(题目事先设计好),然后内外圈学生开始对谈,内圈的先讲,两分钟后,外圈的再表达意见,再过两分钟后,换题目,内圈的学生顺时针移动一个位子;

4. 教师念出第二个题目,仍按上面的方式进行;

5. 活动继续进行,直至全部题目讨论完毕。

6. 讨论分享:全体成员围成一个圈,各自将自己认为对方最突出的或很有感触的地方指出来,与其他成员分享(倾听表现好与不好两个方面都要指出)。

【注意事项】

● 场地最好选择安静舒适的空间。

● 如果人数过多,可分成几组进行,每组人数以6～10人为宜。

● 题目设计为与内心情感相关为宜。

【课后拾遗】

我是一个比较内向的人,这次我的搭档是个男生,更让我有些放不开。轮到我讲的时候,因为害羞,我说得吞吞吐吐,与邻近一个声情并茂的同学相比,我就像蚊子在哼哼。我快要放弃了,但是对面的男生一直很专注地听着,还时不时地发问,他竖起耳朵努力捕捉我的声音的行为让我很感动,在他的鼓励下我鼓起勇气完整地表达了我的想法。这次活动让我真切地体会到倾听是对对方的最大尊重,以后我也要做一个善于倾听的人。

——江苏省宝应县画川高级中学 YMR

活动设计【79】新流言蜚语

【活动目的】

- 了解语言传递中可能出现的"失真"现象,培养学生良好的听说习惯和口语交际的能力。
- 通过一对一的单向传话游戏,使学生在实践中感悟双向交流的重要性。
- 培养学生积极与人沟通的意识,明白双向交流的意义。

【活动步骤】

1. 教师宣布游戏规则:

- 按照座位,将学生分成 6 组(横着分或者竖着分均可);
- 按座位顺序进行一对一的单向传话游戏。
- 先由教师将写有要传递内容的纸条给每组第一个学生看,第一个学生看完之后,迅速将这句话悄悄传给第二个学生(注意:不能让其他人听见,并且只能说一次),然后第二个学生再将听到的内容传递给第三个学生,照此类推,直到传递给本组的最后一名学生;
- 最后一名学生将听到的内容写在黑板上;
- 评比以速度+准确率为标准,哪组传话速度最快、内容最接近原始句子,哪组即为优胜组。

2. 开始传话比赛。

传话内容:

- 今天是星期三,英语老师宣布星期五下午进行语文测验。
- 小良赶着一群羊,半路遇到一只狼,后面还跟着一只狐狸。
- 请你下午告诉班长,通知全班同学明天上午 9 点到会议室排节目。
- 那把锁一捅就开,一包方便面能开整个小区。

- 相声大师不一定会说相声，歌星不一定识谱，影星不一定长得漂亮。
- 麻烦告诉小明，今天下午不下雨，不要忘了带上伞。

3. 评选获胜小组。

4. 各组讨论：

（1）语言在传递的过程中发生了什么现象？

（2）为什么简单的一句话传到后面，意思可能相差很远呢？

（3）从游戏中，你体会到了什么？

【注意事项】

- 每组传递的内容的复杂性、句子的长度尽量一致。
- 传递的话应设计得有趣一点，以增强游戏的趣味性。

【课后拾遗】

我以前也玩过类似的游戏，但没有今天的有趣，主要是老师选的这些话太有创意了，"今天是星期三，英语老师宣布星期五下午进行语文测验"。当我听到WXN传给我这句话时，我感觉好奇怪啊，英语老师通知语文考试，一定是WXN说错了，所以我就将"今天是星期三，英语老师宣布星期五下午进行英语测验"传给下一个同学了，结果，传到最后一个同学时，就变成了"今天是星期三，下午进行英语测验"。呵呵，因为自己乱加猜测，导致后面越传越离谱。生活中，误会就是这样产生的吧？看来，我以后一定要注意增强自己的沟通能力，要积极地进行双向交流。

——陕西省西安市蓝田县城关中学　WZ

活动设计【80】一路上有你

【活动目的】

培养创意思维和群体决策能力,学会表达与合作。

【活动步骤】

1. 教师宣布活动规则:

   (1) 每组所有人必须基本同时通过教室内长约 5 米的通道——"星光大道"。

   (2) 要求每小组通过"星光大道"时要做个性化展示,通过的方式必须与其他小组不同,否则重做。

   (3) 小组所有成员不能借助身体之外的任何道具。

   (4) 各小组有 5 分钟时间讨论通过方式,可在各自区域压手喊口号,可以练习。

   (5) 小组抽签决定展示顺序。

2. 小组展示:各小组依次展示通过方式,其他小组认真观看并给予掌声鼓励。

3. 全体学生一起闭上眼睛聆听一段放松音乐。(每个小组成员围成一圈,闭眼深呼吸放松;播放背景轻音乐 spring,静心感悟。)

4. 小组讨论:
   - 在活动的过程中,各组是如何策划的,组员又是如何实施的?
   - 作为组员的你是积极主动地参与,还是消极被动等待安排?
   - 你是否有依赖他人的想法?如果有,你及时改变了吗?
   - 团队要想顺利地完成任务,什么是最重要的?
   - 在日常的生活学习中,你是怎么做好自己的?以后你要怎么更好地去做？

5. 交流分享：

(1) 小组内部讨论本次活动的体验、感触、心得和收获，一人负责简要记录讨论结果。

(2) 小组代表发言，在全班集体分享，其余同学认真倾听，也可以对分享者支持、质疑或补充。

【注意事项】

- 事先强调规则和纪律非常重要。
- 教师要提醒学生注意保护自己、保护他人。
- 对课堂表现特别差的学生，要及时联系班主任了解情况。

【课后拾遗】

　　在有趣的团体训练课堂中，我们小组通过讨论、计划、执行活动任务要求，较好地参与并完成了课堂活动。在活动完成后，我们围绕团队合作这一话题，结合活动经过进行了思考和讨论，最终得出以下心得：一是团队合作需要目标。一个清晰的目标，往往是团队的凝合剂。如果没有目标，一群人聚在一起不过是乌合之众。二是团队需要领导核心。团队是由多个个体组成的，而每个个体往往有着相异的想法，此时，团队需要一个领导核心，综合意见，作出决策；三是要付诸行动。当团队讨论完成后，就需要通过行动实现之前的计划，否则，再完美的计划也无法实施，再精锐的团队也无法发挥其能力。

——广东省惠州市华罗庚中学　GQ

活动设计【81】勇于担责任

【活动目的】

- 引导学生学会正确看待自己的责任与别人的过错，学做一个负责任的人、宽容的人。
- 借助游戏讨论分享，让学生认识到要勇于承担自己在班集体、家庭以及社会等不同群体中的责任。
- 通过活动，增强学生的集体荣誉感，树立责任意识与感恩意识。

【活动步骤】

1. 每4人组成一游戏组，其中两人相向站着，另外两人相向蹲着，1个站着和1个蹲着的人为一小组。发给站着的人每人一根筷子。

2. 教师宣布游戏规则：

游戏的名字叫"敲杠子"，用筷子来代替杠子，教师说"开始"，站立的同学就用手中的筷子击打对方同学手中的筷子，同时嘴里喊着"杠子"、"老虎"、"鸡"、"虫"中的任一个。

(1) 杠子打老虎、老虎吃鸡、鸡吃虫子、虫子蛀杠子，即杠子压老虎、老虎压鸡、鸡压虫子、虫子压杠子。只有当杠子和老虎、老虎和鸡、鸡和虫子、虫子和杠子遭遇时才能决出胜负。

(2) 站着的两人进行"敲杠子"游戏，决出胜负，胜方搭档监督负方搭档完成5次下蹲。（连续进行5次游戏）

(3) 游戏一方中的两个成员交换位置，即站着的人蹲下，蹲着的人站起来，继续开始下一轮游戏，规则同上。（连续进行5次游戏）

3. 组织学生展开讨论并分享：

(1) 当同伴失败时，你有没有抱怨？你是如何看待别人的过错的？

(2) 你和同伴有没有齐心协力应对外界的压力？

(3) 你如何看待自己在游戏中承担的责任？

(4) 在班级中、家庭中我们应承担的责任是什么？我们该如何面对班级中同学犯错，如何看待家庭中父母某些不合理的做法？

【注意事项】

- 各小组要相互监督。
- 游戏结束后，引导学生将对游戏的感悟引申到日常的学习、生活中。
- 若在教室进行活动，应该将课桌椅放置在四周，中间留出空地。

【课后拾遗】

  游戏很好玩，但游戏中我的同伴总是输给对方同学，害得我一个劲儿地做下蹲。说实话，当时我一心想着等到我和对方敲杠子时，我一定要输上几回，让他也尝尝被罚的滋味。虽然后来同伴被罚做下蹲的次数并不多，但别的同学的分享却让我感到无比羞愧，原来有那么多的同学在游戏时想到的不是自己受罚多么不该，而是两人齐心协力共同迎接挑战，有福同享，有难同当。今后，我会努力改掉自己的坏毛病，做一个宽容的人、勇于担当的人。

——山东省荣成市第一中学　WXB

 ## 活动设计【82】蒙眼走方阵

【活动目的】

- 培养学生的沟通意识，提高沟通技巧和决策能力。
- 展示在团队内怎样获得正确的沟通方法和进行有效的领导，促进学生对沟通的深入理解。

【活动步骤】

1. 教师宣布活动规则：

   (1) 各组成员按要求戴好眼罩，整个过程中不得私自摘掉眼罩。

   (2) 主持人宣布"活动开始"后，各组成员在附近不超过5米的范围内从绳子堆里找出一根绳子（细绳的长度依场地大小而定，可以是5～15米不等），并在规定的时间内把绳子围成一个最大的正方形，要求小组成员平均地分布在正方形的四个边上。

   (3) 完成任务后，各小组成员将绳子踩在脚下或者握在手中，请主持人检查。

2. 主持人将眼罩分发给各小组组长，再由小组组长分发给每个成员。

3. 组长让各组内成员按主持人的要求戴好眼罩，并相互检查，以确保眼罩能完全挡住视线。

4. 主持人要求所有人以组为单位站好。

5. 主持人将事先准备好的细绳堆在一起放在场地中某一位置。

6. 主持人宣布"活动开始"，各小组按要求完成任务。

7. 各小组完成任务后报主持人检查。

8. 主持人检查完每一小组后，要求小组成员摘下眼罩进行自查。

9. 主持人检查完每一小组后，针对该小组任务完成情况及他们在活动中的表现提出相应问题，小组讨论。

10. 小组讨论结束后，进行班级交流。

【注意事项】

● 整个活动过程中，为了确保公平，不得私自摘掉眼罩。

● 主持人可以在活动中适当干扰进程过快的团队，但干扰应注意分寸。

● 主持人可以根据任务的完成情况给部分小组相应的提示和指导，避免小组分裂。

【课后拾遗】

　　这个活动很有意思，对我们来说也是一种挑战。整个活动中大家各抒己见，气氛很活跃，同时这个活动让我们体会到：团队的沟通和协作对完成任务很重要。刚开始，大家都按照自己的想法做，结果团队差点分裂。就在这个时候，我们的"领导"产生了，他宣布活动任务，我们提供反馈信息，及时调整决策。我们小组是班级中做得最好的，大家都很开心。

——陕西省勉县第一中学　　LJL

第八章 树立自信类

活动设计【83】超级比长短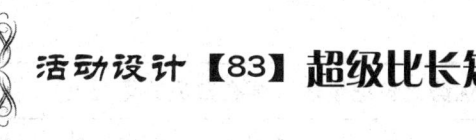

【活动目的】

- 通过小组之间进行不同类型的比较,让学生在游戏中充分认识自己和他人的优缺点,体会"尺有所短、寸有所长"的道理。
- 通过小组之间在不同方面的优势比较,感悟看待问题的方法和态度,从而树立辩证地看待人和事的观点;同时,在游戏互动中,增强成员之间的了解,活跃团队气氛。

【活动步骤】

1. 在班里随机选举一名主持人和一名记录员。
2. 教师宣布游戏规则:
   - 以小组为单位参与游戏比赛。
   - 每小组选出一名领导者。
   - 每次比赛,由各小组的领导者选出一名代表参赛。
   - 每组的参赛人员都选出来后,主持人宣布比赛的内容。
   - 由裁判对比赛结果进行判决,其他同学监督。
   - 比赛结果由记录员填写在"优势比较记录表"里。
3. 教师给主持人和裁判讲解操作规则:

告诉主持人:比较的题目必须在看到被派出的人之前想好。题目尽量不要被大家猜中,否则,游戏就没有趣味了。

告诉记录员:游戏中,在每次比赛获胜的小组的表格里画上星星,最后统计哪个小组的星星最多，则这个小组为最终的优胜者。

4. 开始游戏。

5. 游戏结束后，教师及时公布比赛结果，给优胜小组的成员颁发"微笑胸牌"。

优势比较记录表（画在白板或黑板上）						
比一比	1组	2组	3组	4组	5组	6组
比长	比手臂					
	比头发					
比大	比鞋子					
	比眼睛					
比学习	英语最好					
	数学最棒					
比特长	画画最好					
	书法最好					
比性格	最温柔					
	最乐观					
比品德	最热心					
	最勤奋					
……	……					

6. 请各小组讨论以下三个问题：
- 你们小组在今天的比赛中赢了几次？分别是什么项目？
- 与其他同学相比，你有哪些优势和不足之处？
- 通过今天的游戏，你有什么样的感悟和收获？

7. 每组选一名代表上台分享。

【注意事项】

- 以小组为单位进行比赛，有利于成员之间的相互了解。

【课后拾遗】

一直以来，我都是一个比较自信，甚至于有点自负的人，总是觉得自己什么都好——学习好、个子高、长得帅、唱歌也好……在我们班，我就是"王"，大家都该听我的。在这次比赛中，我是第一个代表我们组上台的，没想到，比赛的项目竟然是比谁的眼睛大，晕！第三组那个女生的眼睛比小燕子的还大啊，我一下子就被比下去了……通过这次活动，我认识到了自己还有不如别人的方面，体会到人各有所长，我应该虚心学习他人的优点，弥补自己的不足之处。

——陕西省西安市蓝田县城关中学 ZC

活动设计【84】画朵自信花

【活动目的】

通过活动，引导学生认识到每个人都有优点和缺点，相信自己是独一无二的，正视自己的优缺点，形成对自己的客观评价，悦纳自我，发挥自己的优势，挖掘自己的潜力，从而不断地完善自我。

【活动步骤】

1. 每人画一朵"自信花"：
   - 花心是你的姓名，花瓣是你的优势，泥土是你的潜力。
   - 你的优势是什么？有几个优势就画几片花瓣，把优势写在花瓣上。
   - 你有哪些潜力？把它填在土下的方格里。

- 最后涂上你喜欢的颜色。

2. 教师宣布活动规则：
   - 认真全面地考虑自己的优势和特长。
   - 必须实事求是。
   - 必须是自己的优点或特长，也可以是自己进步的方面。
   - 优势找得越多越好。
   - 你的某些优势可能还没有显露出来，这就是你的潜力。

3. 所有学生画完之后，思考两个问题：
   - 通过活动，你学会了什么？
   - 在活动过程中你有什么样的体验和感悟？

4. 各小组组内展示、交流。教师在巡视的过程中及时发现优势特别少的学生，请与他同组的学生帮助其找优势，并写在花瓣上。

5. 教师请1~2名在同学帮助下找到优势的同学上台谈感受。

6. 将全班的"自信花"贴在教室的文化墙上。

【注意事项】

- 提醒大家，给同学找优势、潜力的时候一定要真诚、客观。
- 学生上台谈感受的时候教师一定要注意启发。
- 如果出现学生的情感宣泄（例如哭泣），教师应做好安抚工作并后续约谈。

【课后拾遗】

通过这次活动，我发现自己竟然有这么多的优势和潜力，在今后的学习和生活中，我一定要发挥我的优势，不断进步！

——江苏省南京市第二十九中学　XH

我做不了太阳，就做一颗星星吧，在晚上给人们带来微弱的亮光；我做不了大树，那就做小草吧，用自己的绿色装点大地。

——江苏省南京市第二十九中学　LYF

一开始做这个活动的时候，我真的想不出我有什么优势和潜力。我一直认为自己是个普通得不能再普通的人，但是在同学、老师的眼里，我居然有这么多的优势和潜力。听到同学讲的，我真的太感动了，谢谢大家！我现在充满能量，小宇宙爆发啦！

——江苏省南京市第二十九中学　YXX

 活动设计【85】请给我留言

 【活动目的】

通过自己对他人祝福、鼓励或感谢来触动心弦。通过回归温暖的集体，重新获得力量，面对考前时光。

 【活动步骤】

1. 教师宣布活动程序：先请每位同学在便利贴的最上方写上自己的名字，字迹要工整，不要写得太大，然后请同伴帮忙把它固定在自己的后背，写着名字的一面为正面，请同学在纸上留言，留言者可以不署名。

可以写几句鼓励的话或温馨的祝福，也可以是这位同学的优点，总之是大家所熟悉的对方的优缺点，或者共同拥有的经历，最重要的是给以鼓励和祝福。

在活动过程中，播放如《最初的梦想》、《真心英雄》、《手牵手一起走》等鼓舞性或感人的音乐。

2. 教师宣布活动要求：

(1) 态度要认真、真诚，切忌开玩笑、乱涂乱画以及不负责任地乱写一通。

(2) 尽量给更多的同学留言和送祝福。

3. 进行活动分享：

请同学们安静下来，换上悠扬的轻音乐。让学生们放下手中的一切活动，取下自己背后的便利贴，用心去读同学们的期待与祝福，好好收藏这份感动。

分享活动过程中的感受，因为时间有限，一个人不可能给班里每一位同学都送出祝福，希望有同学能够主动站起来说说自己对全班同学或好朋友的祝福或者此刻自己想要说的话。

【注意事项】

- 教师应该营造较安全的氛围。
- 鼓励学生打破心理隔阂。

【课后拾遗】

今天的活动让我很激动，我要感谢这些一直陪伴我的朋友，希望10年过后我们还能像现在这样快乐和美好。我要谢谢猫咪、阿吉、陶陶、小米还有大头，感谢你们一直在身边支持我，愿我们的友谊地久天长。

——广东省佛山市实验中学 ZQQ

活动设计【86】食指的力量

【活动目的】

- 了解潜能。勇于尝试，探索方法，挖掘自己的潜能。
- 学会客观地了解自己，相信自己，克服畏难情绪。

【活动步骤】

1. 将全班分组，每组11人左右，围着一把椅子坐好。

2. 活动程序：

(1) 选一个个头最小的同学坐在椅子上。

(2) 其余的人每人伸出食指，合力将坐着的人连同椅子抬起。

(3) 每组换一个人被抬，减少两个抬的人，试试结果怎么样？

(4) 再减少两个抬的人，试试结果。

3. 讨论分享：

(1) 活动之前，你有什么想法？觉得能抬起来吗？

(2) 你们小组任务完成的情况如何？

(3) 完成的说一下感受和经验；没有完成的分析一下原因，再做尝试。

(4) 为什么我们能完成这个之前看起来不能完成的任务？

【注意事项】

● 注意安全，抬人的时候，最好安排两个人在边上负责安全。

● 注意让学生体验活动前后的心理感受和心理变化。

● 适当增加难度，促进学生对自我潜能的客观了解。

【课后拾遗】

　　坐在椅子上我一直很担心，觉得他们不可能把我抬起来，我可是班上最胖的一个；可又觉得老师选我应该有一定的理由……当他们试了一下，没抬动，我感觉很丢脸，觉得自己太重了。后来在老师的指挥协调下，他们一下子就把我抬起来了。刹那间我有种梦幻的感觉。

——江苏省曹甸高级中学　CJ

活动设计【87】收获大糖弹

【活动目的】

体会赞美他人的过程,并感受他人对自己的赞美。

【活动步骤】

1. 全班同学按照事先分好的小组相对集中地坐在一起,每组选出一名组长。
2. 教师宣布活动规则:
   (1) 本活动中将对别人的赞美写在纸上,然后揉成纸团,称为"糖弹"。
   (2) 活动过程中每位成员必须本着真诚的态度,认真参与,严禁愚弄他人。
   (3) 对他人的赞美可以是肤浅的、表面的,也可以是深层次的。
   (4) 为了避免失误,"糖弹"上必须写清楚你要赞美的人的组内编号(注:可用于刚刚成立的新团队,彼此之间不熟悉)。
   (5) 写赞美时,必须保持安静,不得相互谈论。
   (6) 给别人投"糖弹"时应该有目光和眼神的交流。
3. 各组组长到主持人处领取本组要用的便签纸、N次贴、收纳盒、笔、秒表。
4. 组长为组内每位成员编号,组长为"1"号,按顺时针依次排列序号。
5. 所有成员将自己的编号写在N次贴上,并将N次贴贴在胸前。
6. 组长组织组内成员在规定时间内(时间可以相应调整)按要求写好赞美纸。
7. 每位成员将赞美纸写好后,轻轻揉成纸团,做成"糖弹"。
8. 每位成员将小收纳盒放在自己的座位前面。
9. 在组长的组织下,由组长开始,各成员将"糖弹"投入相应成员面前的小收纳盒里。
10. "糖弹"投完后,主持人要求各成员整理自己收纳盒里的"糖弹"。

11. 由组长开始,每位成员依次将自己收到的"糖弹"内容分享给组内其他成员。

12. 分享完后,针对"糖弹"的内容进行组内讨论,讨论问题可以包括以下几个方面:

(1) 投出"糖弹"时的心情。

(2) 收到"糖弹"时的心情。

(3) 你的"糖弹"送完了没有?如果没有送完,可以在小组讨论时口头送出。

13. 小组讨论完后,进行班级讨论和分享。

【注意事项】

- 严肃活动纪律,避免学生打闹。
- 提醒学生要多去发现那些比较安静的同学的优点。
- 小组讨论时,主持人应注意引导成员关注"糖弹"的内容,而不是数量。

【课后拾遗】

自卑的我第一次知道自己还有这样多的优点,真是不可思议!活动刚开始时我特别紧张,生怕得不到别人的"糖弹",所以,我故意给自己留了一张纸条,是要写给自己的。没想到我也收到了别人的赞美,没想到还有人关注我,我真是太开心了!以前我总认为自己这也不好,那也不好,别人肯定都会笑话我,现在才发现原来我在别人眼里也没有那么差。我要努力让自己变得更好。

——陕西省勉县第一中学　XEB

活动设计【88】穿越障碍线

【活动目的】

- 学会从认知、情绪和行为三方面正确面对挫折,并懂得利用身边的资源来帮助自己克服困难。
- 通过穿越想象中的障碍线,让学生在游戏中体验、感悟挫折,领悟到障碍并不一定像想象的那么可怕。

【活动步骤】

1. 教师宣布游戏规则:

- 两人一组,一人蒙眼穿越,一人在旁边指导;
- 穿越的学生先看清楚障碍线的位置和高低,然后戴上眼罩,原地转三圈;
- 蒙眼的同学在另一名同学的指引下,依次穿越三条障碍线,身体不能碰到线;
- 要求前两条线跨过,最后一条线钻过;
- 穿越的过程中,小组另一位成员只能用语言进行指导,不得伸手帮忙;
- 一名学生穿越成功后,换另一名学生穿越;
- 穿越的过程中要注意安全。

2. 开始穿越障碍线。

3. 讨论分享:

- 当你被蒙上眼睛,准备穿越障碍线时,你的心情是怎样的?
- 游戏中,你的搭档对你完成穿越有什么作用?
- 在你成功引导你的同伴完成穿越任务后,你的心情如何?
- 这次游戏,你有什么收获?

4. 全体高唱歌曲《朋友》。

【注意事项】

- 注意穿越中学生的安全，做好防护工作。
- 最好使用有较好弹性的绳子。

【课后拾遗】

戴上眼罩的那一刻，我忽然觉得好恐惧、好害怕、好孤独……老师说接下来我还必须勇闯三关，穿越三条障碍线，我的心就扑通扑通跳个不停。说实话，从小到大，不管什么事都有父母为我在前面开路，可以说，我几乎没有遇到过挫折，一直很顺利，但我知道，在以后的人生道路上，我肯定会遇到一些困难和挫折，我必须学会独立面对一切……终于，在WMY的帮助下，我成功穿越了三条障碍线。那一刻，我心中无比激动，因为我不仅战胜了想象中的挫折，更重要的是学会了如何面对将来可能遇到的挫折。谢谢老师，谢谢WMY，谢谢这节心理活动课。

——西安市蓝田县城关中学 JXL

 **活动设计【89】我的得意事**

【活动目的】

- 认识什么是个人优势及个人优势的重要性，引导学生意识到自身具有的性格优势。
- 让学生回忆并写下成长过程中自己做过的得意之事，自我发掘和体验，在讨论与分享的过程中发现优势，悦纳自我。

【活动步骤】

1. 各组组长领取表格，并下发给每个组员。

我的得意之事					
序号	时间	地点	得意之事	成功关键	体现优点
1					
2					
3					
4					
5					
6					
7					
8					
9					
10					

2. 在15～20分钟内，每人独立完成下发的《我的得意事》表格。提醒学生用倒叙的方法，从现在开始往童年推，写出10件得意之事。

3. 教师在此过程中要在教室走动，了解各组及每个学生的进展，了解可能存在的问题，及时提示。

4. 小组内分享"我的得意事"。每位组员选择自己最想分享的一件事，按照表格内容进行分享，其他成员帮助补充"这件事"中还体现了哪些"个人优势"。

5. 各小组讨论：

- 你写下了几件得意之事？
- 在这个过程中，你有什么样的感受？

- 分享你最得意的一件事，你从这件事中发现了自己的什么优势？对此你的同伴有新的补充吗？
- 观察一下你所发现的自我优势，是集中在某一方面还是涉及多方面？对此你有什么看法？
- 你所发现的优势在你现今的生活中发挥着什么作用？
- （针对某一具体优势）你觉得可以怎样合理运用到你的学习生活中？

6. 每组选一名代表上台分享。

【注意事项】

- 如学生并不积极，教师可先示范。
- 分享中教师要提醒学生避免调侃现象。

【课后拾遗】

回想起以往的得意之事，我发现一个人的潜力是无限大的。每个人都有自己的优势，每个人都能表现得很出色，获得别人的赞美和心灵的充实。这次心灵探索增强了我面对困难的信心和勇气，使我对未来更加充满信心。

——江苏省江阴市第一中学　XXH

 活动设计【90】优点大轰炸

【活动目的】

使学生认识、接纳和欣赏同伴的优点和长处；学会人际沟通的技巧，掌握人际关系和谐的法宝。

【活动步骤】

1. 准备接受"轰炸":

   (1) 活动前在纸上绘制自己的信心指数。(画一条竖线,最底下标 0,代表没有一丁点儿自信;最顶端是 10,代表 100% 的自信。把这条竖线平均分为 10 格,标出自己此时的信心指数。)

   (2) 小组成员围成一个圈,一起用彩纸制成一顶帽子。

   (3) 一名成员站在中间,并戴好帽子。

2. "轰炸"进行时:

   (1) 优点自己找,在被"轰炸"人说自己优点时,其他成员在贴纸上写下被"轰炸"人的优点。

   (2) 优点大家找。按顺序向站在中间的人"扔炸弹"——说完优点并把贴纸贴在帽子上。

   (3) 小组成员依次向中间的人"扔炸弹"。

   (4) "被轰炸"的人收获"炸弹",对大家说:"谢谢",并鞠躬。

   (5) 小组成员轮流站在中间接受"轰炸"。

3. 每组选派一名代表上讲台,接受全班同学的"大轰炸"。

4. 每人思考下面两个问题:

   (1) 我周围的同学身上的优点和长处真不少,我最欣赏的优点是什么?

   (2) 原来我也有这么多优点和长处,我最认可的优点和长处是什么?

5. 全班反馈与交流:

   (1) 你的团队为你找到了多少条优点,你现在的心情与感受是怎样的?

   (2) 请用红色笔描述你现在的信心指数,并对比现在的信心指数与活动前的信心指数,是否有变化?

【注意事项】

- 提醒学生注意倾听,对他人发言不争辩、不反驳。
- 注意维持活动秩序、讲清活动规则。

- 鼓励学生与他人分享本次活动的过程与收获。

【课后拾遗】

刚开始的时候,我觉得当面说别人的优点挺肉麻的,心里知道就是了,干什么要说出来?结果我鼓起勇气说出别人的优点的时候,感觉很开心。

——湖南省郴州市第二中学　ZWJ

第九章 学法探索类

活动设计【91】自信拍拍手

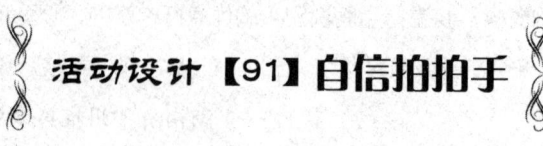

【活动目的】

- 让学生知道学习需要把握节奏，要张弛有度、不盲目、多探讨，为自己的学习作一个良好的规划。
- 通过活动，让学生了解到学习的规律、合作的重要性。

【活动步骤】

1. 教师分配任务：

将学生分为两人一组，其中一人叫"我很自信"，另一人叫"我很聪明"。"我很自信"上下击掌，节奏为1、2、1、2；"我很聪明"左右击掌，节奏为下、下、下、中、上；上、上、上、中、下。其中"上"是在"我很自信"两手的上方，"中"是在"我很自信"两手之间，"下"是在"我很自信"的两手下方。

2. 教师宣布游戏规则：

- 在整个游戏的过程中，"我很自信"与"我很聪明"的手均不能接触，否则，视为失败。

3. 给所有人5分钟练习时间。

4. 请学生加快节奏再练习。

5. 全班讨论、分享游戏过程，找出成功及失败原因。

6. 请学生在纸上制订本学期学习计划，要求细化到每个时间段。

7. 将部分学生制订的计划在全班展示，并进行集体讨论与交流。

【注意事项】

- 在活动中，教师要注意对学生的引导，让学生明白活动的目的。
- 教师可以示范，让学生更直观地明白活动规则。
- 在分享学生制订的计划的环节，教师可以给出指导性的意见。

【课后拾遗】

当老师最后说出游戏目的的时候，真的让我很意外。其实，在游戏中，我就想要把握好节奏，才能把任务完成。但是，我认为这个游戏最重要的不是只把握好自己的节奏，同伴的节奏也同样关键，两个人的节奏都把握好了，才能合作把任务完成。老师说得对，我们学习不能只顾自己埋头学，借助同学和老师的力量也是很有帮助的，他们是学习的资源，要好好利用起来。

——贵州省贵阳市第三实验中学 XQ

 **活动设计【92】换心大行动**

【活动目的】

- 引导学生将心中的烦恼宣泄出来，并找到摆脱烦恼的有效方法。
- 借助游戏，在大声朗读与分享交流中加深学生的体验。
- 激发学生的学习动机，使他们树立自信心，坚定信念，挑战自我。

【活动步骤】

1. 发给每名学生一张"心卡"，心卡上写有：

我无法做到……

我无法克服……

我无法实现……

2. 请学生们认真思考一下自己在学习方面无法做到的事,按心卡上的要求具体写出来。

3. 找几个学生读出自己所写的内容。

4. 每4人一组,在小组内,所有同学将自己所写的内容大声读3遍,并请他们思考读这些话时的感受。

5. 学生交流感受。

6. 进入第二轮游戏——换"心"大行动。学生按要求改写心卡(内容不变,只改前面,将"无法"改成"不要"):

我不要做到……

我不要克服……

我不要实现……

7. 在4人小组内,所有学生将自己所写的内容大声读3遍,引导他们体会此时的感受。

8. 学生分享感受。

9. 进入第三轮游戏——换"心"大挑战。同时播放贝多芬的《命运交响曲》,渲染一种奋发向上的气氛。让学生按要求改写心卡(内容不变,只改前面,将"不要"改成"一定要"):

我一定要做到……

我一定要克服……

我一定要实现……

10. 在4人小组内,所有学生将自己所写的内容大声读3遍,引导他们体会此时的感受。

11. 学生分享感受。

12. 要求学生课后将实现自己目标的具体方法写在"心卡"的反面。

【注意事项】

● 一定要督促学生写出自己学习上的具体困惑,否则下面的环节将无法进行。

- 每一次换"心"行动过后,老师都要一一检查,让学生反复多读几遍,认真体会其中的变化。
- 提醒学生们注意,不管别人写了什么,都要彼此尊重,而不能取笑他。

【课后拾遗】

当老师让我们写出自己在学习上无法做到、实现、克服的事时,我脑子里好像是一片空白,不知道具体该写些什么,我觉得自己在学习上存在着太多的困扰。后来反复思考,我才写下了——"我无法做到全身心地投入到学习中"、"我无法克服自制力差的弱点"、"我无法实现对父母作出的承诺"。换"心"行动中,当我大声读出"我不要做到……""我不要克服……""我不要实现……"时,我的心里是那么难受,我一个劲儿地问自己:难道我真的不要吗?不,那不是我的心里话,我不能再这样下去了!所以当最后我大声读出"我一定要做到……""我一定要克服……""我一定要实现……"时,我感觉自己浑身充满了力量,我必须要下定决心,想尽办法克服一切困难去实现自己的梦想。

——山东省荣成市第一中学 LZY

说实话,我之前几乎已经对学习失去了信心,我的成绩直线下滑,面对糟糕透顶的成绩,我甚至有了破罐子破摔的想法。老师带领我们做的这个游戏给了我很大的触动,游戏分享中,我发现不仅仅是我,其实大家在学习上都存在着很多困扰,当听到周围同学大声念出"我一定要做到……""我一定要克服……""我一定要实现……"时,我的心被触动了。我一定要走出低谷,做回原来的我!于是我使出全身的力气大声喊出了我心中的誓言:"我一定要做到上课认真听讲"、"我一定要克服总往坏处想的毛病"、"我一定要实现学习上的进步"。

——山东省荣成市第一中学 WL

活动设计【93】聚心又凝神

【活动目的】

- 在观察活动中教会学生稳定自己的注意力，讨论并学会提高注意力的方法。
- 培养学生做事专心的态度与习惯。

【活动步骤】

1. 给学生分发材料，反面朝上，待指令统一行动，计时开始。

2. 教师强调活动规则：

 （1）找出左边各条线连接哪里，将相应号码标在右边空格里。

 （2）只能用眼睛看，不能用手或笔按照轨迹描。

 （3）只完成前面20题，完成后停笔。

 （4）不准同学之间校对交流。

3. 学生准备好笔，教师计时开始。

4. 老师放录音（噪音、熟悉的歌曲、轻音乐）进行干扰。

5. 学生完成后将材料反面朝上放好，不准同桌之间校对。10分钟后全部暂停。

6. 学生分享活动过程感受。

7. 做不到凝神静气很难有高的学习效率，那么怎样做到凝神呢？

8. 师生讨论凝神的技巧。

9. 学生静心凝神快速完成最后5条，比较前后的感觉。

【注意事项】

- 分发材料后听指令统一行动。
- 强调不能用笔和手沿着轨迹描，防止个别同学违反规则。
- 活动过程中注意观察学生的反应、出现的问题，暂时不要点明，待事后总结。
- 有条件的情况下，每个学生用一个记时工具，记下自己完成任务的时间，前后对比。

【课后拾遗】

  开始的时候，看到一半就看到别的线上面去了，我只好回过头来重新找了好几回。慢慢地我进入状态了，耳朵里有音乐的声音，不过我能抵抗住干扰。

  ——江苏省曹甸高级中学　LXY

活动设计【94】考试大赢家

【活动目的】

了解考试的本质和作用。学会在考试过程中及时调整认知,调整自己的不良情绪。

【活动步骤】

1. 全班同学按照事先分好的小组相对集中地坐在一起。

2. 各自完成考试心态自测:

(1)	人们(家里人、朋友等)都期待我在考试中取得成功。	(是 否)
(2)	如果我考糟了,即使自己不会老是记挂着它,也会担心别人对自己的评价。	(是 否)
(3)	如果我考得不好,别人将对我的能力产生怀疑。	(是 否)
(4)	如果考试得了低分数,我不愿把自己的确切分数告诉任何人。	(是 否)
(5)	如果我的考试分数低,我的爸爸妈妈将会感到非常失望。	(是 否)
(6)	如果我的考试分数低,我的朋友们会对我感到失望。	(是 否)
(7)	公布我的考分之前,我很想知道别的同学考得怎样。	(是 否)
(8)	如果我得了低分数,我认识的某些同学将会感到高兴,这使我心烦意乱。	(是 否)
(9)	在某一考试中取得好分数,似乎不能增加我在其他考试中的自信心。	(是 否)
(10)	重大考试之前或考试期间,我常常会想到其他人比自己强得多。	(是 否)
(11)	我知道,如果自己能集中精神,考试时我便能超过大多数人。	(是 否)
(12)	考试实际上并不能反映出一个人对知识掌握得究竟如何。	(是 否)
(13)	假如在这次考试中我考得不好,我想这意味着我并不像原来想象得那样聪明。	(是 否)

(14)	如果我考糟了,且不说别人会对我有看法,就是我自己也会失去信心。	(是 否)
(15)	考试之前,我感到精神紧张,缺乏信心。	(是 否)
(16)	我希望不用参加考试便能取得成功。	(是 否)
(17)	一般来说,考试成绩好的人将来必定会在社会上有更好的地位。	(是 否)
(18)	当得知考试的结果将在一定程度上影响我的前途时,我会心烦意乱。	(是 否)
(19)	考试使我对能否达到自己的目标产生了怀疑。	(是 否)
(20)	但愿长大以后我能找到一个不需要考试便能被录用的工作。	(是 否)
(21)	考试成绩直接关系到我的前途和命运。	(是 否)
(22)	对喜欢给学生搞突然袭击考试的教师,我总感到害怕。	(是 否)
(23)	对考试结果的担忧,在考试前妨碍我准备,在考试中干扰我答题。	(是 否)
(24)	我似乎从来没有对参加考试进行过充分的准备。	(是 否)
(25)	考试前,我常常感到还需要再充实一些知识。	(是 否)
(26)	对考试的焦虑简直使我不想认真准备,这种想法又使我更加焦虑。	(是 否)
(27)	在考前,我存在的问题之一,是不能确知自己是否作好了准备。	(是 否)

3. 结果分析:

(1) 担心他人对自己的评价:第(1)、(2)、(3)、(4)、(5)、(6)、(7)、(8)题共有_____个是、_____个否。

(2) 担心考糟了会影响自己的形象:第(9)、(10)、(11)、(12)、(13)、(14)、(15)题共有_____个是、_____个否。

(3) 担心未来的前途:第(16)、(17)、(18)、(19)、(20)、(21)题共有_____个是、_____个否。

(4) 担心对应试准备不足:第(22)、(23)、(24)、(25)、(26)、(27)题共有_____个是、_____个否。

4. 小组讨论:

根据上面的测试结果,各小组进行组内讨论。

【注意事项】

- 促使学生冷静面对考试这个话题。
- 心态自测，真实面对自己。
- 小组讨论时认真了解同学的看法和对策。

【课后拾遗】

　　开始的时候觉得有些问题只有自己有，通过讨论才发现，很多问题是大家共同存在的，我心里也放松了很多。

——江苏省曹甸高级中学　LWM

　　成绩好的学生也会有和我一样的想法，只是他们能很快转变思想调整过来，通过讨论我学到了不少好方法。

——江苏省曹甸高级中学　WXZ

 ## 活动设计【95】考试再认知

【活动目的】

- 了解认知心理疗法的基本理论，掌握认知重建法的主要步骤。
- 通过具体情境体验身心反应，找出自动思维，辨别自动思维的积极性或消极性，探索用积极思维来替代消极自动思维。
- 通过学习培养对待考试的积极心态，习得积极思维的应对模式，以乐观向上的态度对待学习和生活。

【活动步骤】

1. 全班学生按照事先分好的小组相对集中地坐在一起。

2. 理论学习

老师给每个小组发一张理论知识学习单：

ABC 情绪调节法

ABC情绪调节法是由美国心理学家埃利斯创建的，这一理论认为人的消极情绪和行为障碍结果（C），不是由于某一激发事件（A）直接引发的，而是由于经受这一事件的个体对它不正确的认知和评价所产生的不合理的信念（B）所直接引起。

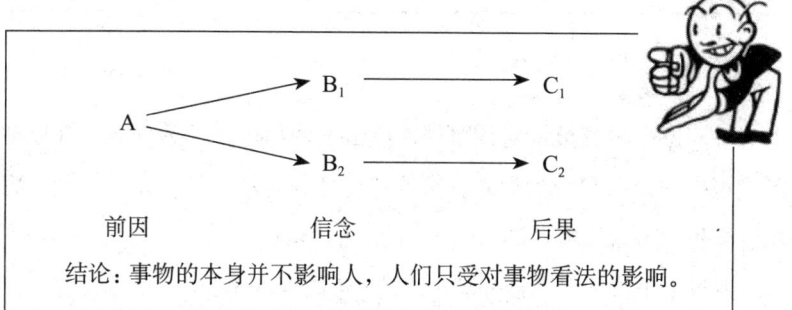

结论：事物的本身并不影响人，人们只受对事物看法的影响。

我们的不合理观念常常具有以下三个特征：

一是绝对化要求：以自己的意愿为出发点认为某事物必定发生或不发生。常常表现为将"希望"、"想要"等绝对化为"必须"、"应该"或"一定要"等。例如，"我必须考试成功"等等。

二是过分概括化：常常把"有时"、"某些"过分概括化为"总是"、"所有"等。具体体现在我们对自己或他人的不合理评价上，典型特征是以某一件或某几件事来评价自身或他人的整体价值。

三是糟糕至极：这种观念认为如果一件不好的事情发生，那将是非常可怕和糟糕的。例如，"我没有考好期末考试，一切都完了"这种想法是非理性的。

3. 情绪分享

请每个小组成员在组内分享一个自己在某次考试失败后的情绪困扰事例（激发事件）。然后每个小组选出一个最具代表性的激发事件(A)，并将这位同学对这个事件的不合理信念（B_1）及其引发情绪和行为后果C_1，并填入下表中的相应位置：

考试再认知表		
A(激发事件)	B(信念)	C(情绪和行为后果)
	B_1:	C_1:
	B_2:	C_2:
	$B3$:	C_3:
	B_4:	C_4:
	……	……

4. 脑力激荡

请每一位小组成员针对该事件A提出一些积极合理的信念，并以此帮助自己形成积极的情绪和行为后果。将这些合理信念填入B_2、B_3……处，将预知的积极情绪和行为后果填入C_2、C_3……处。

5. 请每个小组依次上台分享小组的《考试再认知表》。

【注意事项】

- 引导学生相互练习。
- 讲清认知重建法的基本步骤。
- 鼓励课后进行不断的训练才能真正减少消极的自动思维。

【课后拾遗】

  每每遇到考试总是会莫名其妙的紧张，虽然也总是告诉自己不要紧张不要紧张，但是没有用，还是紧张。现在终于知道，原来我有那么多的担心，而仔细想想好些个担心其实是没必要的。

——江苏省南京市育英第二外国语学校　CFE

活动设计【96】提高记忆力

【活动目的】

- 掌握理解记忆法、谐音首字法、联想记忆法这三种高效的记忆方法。
- 通过体验式的活动,让学生感悟到运用科学的记忆方法能达到事半功倍的效果。

【活动步骤】

1. 情境引入:"老师,我平时学习非常用功,可就是记不住东西,总是学了后面就忘了前面,有没有好的方法?""老师,我每次考试之前都把复习资料背得滚瓜烂熟,可进了考场连最简单的东西都想不起来,我该怎么办呢?"

2. 记忆方法调查表及记忆效率测试题:

(通过举手的调查方式,统计全班学生最常用的记忆法。)

机械记忆	理解记忆法	联想记忆法	谐音记忆法	其他方法

3. 下面是10个中文词语,测试你在2分钟内能记住多少:

遮阳帽,太阳镜,创可贴,矿泉水,相机,地图,背包,手电筒,雨伞,指南针。请你按顺序写下来,默写时间为1分钟。(顺序、书写正确的每词得1分)

评分:

0～3分,记忆效率低;

4～6,记忆效率一般;

7～9,记忆效率好;

10分，记忆效率超好。

4. 用2.5分钟的时间，按顺序记住下列10个成语：

1——欣欣向荣；2——明察秋毫；3——令人窒息；4——胡言乱语；5——力争上游；6——胸有成竹；7——顶天立地；8——声东击西；9——轰轰烈烈；10——立场坚定。

5. 3分钟后进行PK挑战赛：

第一轮按顺序背，第二轮倒着背，第三轮抽背。

6. 小组讨论：

- 怎样才能记得更多、更好？
- 我是怎样进行记忆的？

7. 请班里记忆比较好的同学上台分享自己的心得。

【注意事项】

- 课前调查学生记忆方法情况。
- 要准备一些小礼物奖励给挑战成功者。
- 教师在挑选分享锦囊妙计的学生时，尽可能挑"潜能生"，这样更有说服力。

【课后拾遗】

　　今天，我们班上了关于记忆力的心理团体辅导课，我学到了许多记忆方法，比如联想记忆法、谐音记忆法等。在平时，我都是采用机械记忆法去记知识，不仅枯燥，且效率也不高。今天，老师教的联想记忆法让我在短短的几分钟内就记住了十几个词语，而且很有趣、印象很深刻。原来记忆也可以是很有趣的，这让我对学习产生了更浓厚的兴趣。

——广东省白石初级中学　ZZJ

活动设计【97】挑战记忆力

【活动目的】

学生能了解记忆和遗忘的基本知识；能利用遗忘规律并掌握几种有效的记忆方法。

【活动步骤】

1. 热身活动：

请学生们先全神贯注地观察下列6组数字，然后再努力记住它们，看看在两分钟内能记住多少。

3141592653	510383	310918370707
9081726354	0517130191192	491625364964

请同学报告记忆结果，分享记忆方法。

2. 教师介绍记忆分类：

心理学家根据信息保持时间的长短，将记忆分为感觉记忆、短时记忆和长时记忆。感觉记忆的存储时间大约为0.25～2秒，长时记忆的存储时间从1分钟以上到许多年甚至终身。短时记忆是感觉记忆和长时记忆的中间阶段，保持时间大约为5秒～2分钟。任何信息都必须经过感觉记忆和短时记忆才可能转入长时记忆。

3. 教师解释遗忘规律：

- 先快后慢。在学习识记完某一知识后，遗忘就开始了，尤其在起始阶段遗忘得速度较快。
- 抽象的无意义的不理解的材料容易忘记。
- 处在识记中间部分的材料容易忘记。

4. 小组讨论：

教师：刚才我们了解了遗忘的规律，下面请各个小组进行讨论，针对遗忘的规律，我们可以通过哪些方法提高记忆的效率。

5. 引导学生学以致用：请选用一定的方法记忆下列内容。

(1) 井 德 有 正 间 年 口 一 古

奇特联想：正德年间有一口古井。

(2) 马克思的生日：1818年5月5日

谐音法：马克思一巴掌一巴掌把资产阶级打得呜呜直哭。

(3) arm, subway, hand, train, nose, car, eye, ear, bus：

按照人体器官来分类：arm, hand, nose, eye, ear；

按照交通工具归类：car, bus, train, subway。

(4) 与中国相邻的国家：越南、俄罗斯、缅甸、蒙古、不丹、哈萨克斯坦、塔吉克斯坦、吉尔吉斯斯坦、印度、老挝、尼泊尔、朝鲜、巴基斯坦、阿富汗

歌谣口诀法：月娥姑娘（越南、俄罗斯）很腼腆（缅甸），蒙着布单披三毯（蒙古、不丹、哈萨克斯坦、塔吉克斯坦、吉尔吉斯斯坦），度过稀泥（印度、老挝、尼泊尔）去朝鲜，吧叽吧叽一身汗（巴基斯坦、阿富汗）。

6. 教师总结：正确的方法是成功的保证，只有认识规律、利用规律，才能把事情做得更好，达到事半功倍的效果。记忆的方法和策略多种多样，需要在不断尝试中善于总结，找到最适合自己的记忆方法，从而提高记忆效率。

【注意事项】

- 学生分组是课前分好的。
- 整个活动要以学生的体验为主，让学生自己体验后得出结论。
- 在每个活动的过渡阶段，教师要组织好过渡语。

【课后拾遗】

感谢老师给我们上了一节与众不同的课,让我了解了记忆的基本知识和规律,也学到了很多记忆的方法。我以后在学习英语时,会注重寻找最好的记忆方法,相信会对我的学习有很大的帮助。

——湖北省马房山中学 PC

活动设计【98】为自己掌舵

【活动目的】

体验不同的目标状态引起的不同情绪反应,了解目标对人生的重要性;学会制订计划和促进计划执行。

【活动步骤】

1. 教师先在黑板上画三个没有五官(眼睛、鼻子、嘴巴和耳朵)的人头。

2. 请一名学生上台为黑板上的人头画上五官:

(1) 蒙眼无指导画画:戴上眼罩,为第一个人头画上五官;

(2) 蒙眼有指导画画:依然带着眼罩,由另一名同学用语言指导,在第二个人头上画上五官。

(3) 不带眼罩画画:不带眼罩,直接在第三个人头上画上五官。

3. 体验分享:

(1) 请画画的同学谈一谈，在画这三幅画时的感受。

(2) 请指导画画的同学谈一谈，在指导该同学画画时的感受。

(3) 请台下的同学谈一谈，在整个过程中观察到什么，有什么感受？

4. 小组讨论：

- 动机分析：我为什么而学习？
- 差距分析：我离目标有多远？

5. 学习分析：

- 当前的学习状况：优势科目是什么？劣势科目是什么？劣势的原因是什么？
- 学习兴趣：对哪些科目有兴趣？对哪些科目没有兴趣？没有兴趣的原因是什么？
- 学习方法：你当前的学习方法适合你吗？有没有需要改进的地方？

6. 计划制订：根据上面的自我分析与探索，给自己制订一个详细的短期学习目标。

7. 组内交流：我将怎样执行我的计划？

8. 执行宣言：学生在小组内大声宣读自己的目标及目标执行宣言，其他同学给予掌声鼓励。

【注意事项】

- 画画时要注意课堂纪律，防止语言指导者故意给出错误的指导；
- 教师要善于引导学生感受画画者的心理状态与心理感受；
- 教师要引导学生制订详细的短期学习计划，并写下执行承诺书。

【课后拾遗】

再有两个月,高一就要结束了。回顾以前,我的学习基本上属于"蒙眼无指导画画"状态,没有学习目标和方向,感到学习很枯燥,有时学得不多也会觉得累。今天我制订了高二分班前的学习计划,很详细。我希望高一结束时会有比较理想的成绩,也为高二文理分科后的重新开始打下好的基础。谢谢老师给我们上这样一堂课。

——广东省惠州市华罗庚中学　DGL

活动设计【99】学习的风格

【活动目的】

- 帮助学生了解高中学习的特点,知道学习方法要因人而异。
- 创建开放式的课堂,提供大量的生活事例和研究结果,让学生在讨论与反思中自己分析,得出结论。

【活动步骤】

1. 教师提供测试题请学生做。

第一题：找出下图中两幅图的差异在哪里？

第二题：以下每一题中都包含两组字母或数字符号，如果这两组是相同的，写S；如果不同，写D。请在2分钟内完成。

862741806351 与 862741806351

87564537098574322 与 87564537098574322

HEXATRIXIMENIA 与 HEXATRIXIMENIA

CharlesB．Fortescue&Sons 与 CharlesB．Fortiscue&Sons

23556545535758563822 与 23556545535758563822

ARTRCRYRTORYRACQPTR 与 ARTRCRYRTORYARCQPTR

第三题：在半分钟内记住下列两组材料的数量是多少（请按顺序记）。

第一组：91127191859911619681

第二组：19211869197619581911

2. 总结学习风格：

那么我们每个人的学习风格是什么样的呢？如何根据自己的学习风格来进行学习？完成以下测验，回答"是、否"，答"是"的得1分。

第一部分：视觉学习型		
(1) 我能够边学习边听收音机，但不能边看电视边学习。	是	否
(2) 我喜欢在教材和笔记本上画或者贴上一些装饰画。	是	否
(3) 在使用一个新电子产品时我比较喜欢先阅读说明书。	是	否
(4) 如果要去一个陌生的地方，我喜欢找一份或自己画一份地图。	是	否
(5) 我喜欢把需要完成的事务记下来避免忘记。	是	否
(6) 我比较喜欢老师上课用课件或图片来教学。	是	否
(7) 我喜欢把一些需要记住的名字或地址写下来帮助记忆。	是	否
(8) 在考试时我喜欢通过回忆笔记或书中的图标信息来答题。	是	否
(9) 如果没有看见上课老师的表情和肢体语言我很难听进去。	是	否
(10) 上课时我常常因为教室外面走动的人而转移注意目标。	是	否
第二部分：听觉学习型		
(11) 我比较喜欢有大量讨论的课。	是	否
(12) 当买一个新电子产品时我喜欢别人教我用。	是	否
(13) 我比较喜欢用口头汇报的方式来交作业。	是	否
(14) 当我做决定时喜欢与别人先商量一下。	是	否
(15) 教室里咳嗽、小声说话或是椅子响都会让我无法安心学习。	是	否
(16) 即使练字帖我仍然不能把字写得很规整。	是	否
(17) 在阅读某段资料时默读或者朗读能理解得更好。	是	否
(18) 相同的内容我比较喜欢听它胜过读它。	是	否
(19) 我在找一个新地方时喜欢找人问路。	是	否
(20) 我经常把"gun"和"gum"之类的词弄混。	是	否
第三部分：操作学习型		
(21) 当给多音字注音时，我会写下这个字所有可能的读音。	是	否
(22) 我喜欢在学校里的各种角落寻找适合我学习的新环境。	是	否

续表

(23) 我喜欢动手做实验或实地考察的课。	是	否
(24) 我的很多学习资料都是先听完或读完它们的介绍后才买的。	是	否
(25) 我喜欢在说话时手舞足蹈。	是	否
(26) 只要不超出能力范围，即使没有说明与指导我也能完成任务。	是	否
(27) 很多知识如果能够动手做，我可以学得更好。	是	否
(28) 读书时我喜欢在小范围内慢慢来回走动。	是	否
(29) 做一些新实验时我喜欢询问别人怎么做。	是	否
(30) 如果能边学习边休息我肯定可以学得更好。	是	否

完成这30题后，将每一部分10题的答案加在一起。分数最高的那一个类型就是你所倾向的学习风格。如果在某两种或三种类型的测试中分数是持平的或基本持平的，则说明是综合型学习风格。

3. 不同学习风格的同学组成一个小组，并讨论：
- 组内哪些同学的学习效率比较高？
- 他们学习成功的常规学习技巧有哪些？
- 学习暂时欠佳的同学存在哪些学习问题和行为问题？

4. 学法分享：

请班里某一科或者整体学习成绩比较好以及大家公认学习方法比较好的同学上台分享自己的学习经验，最好每一种学习风格找一位同学来分享。

【注意事项】

- 告诉学生，每个人都可以成为学习高手。
- 告诉学生很多目前学习状态不佳的同学，主要原因在于没有很好地利用自己的学习风格。

【课后拾遗】

　　常常看到班里一些同学和我一样努力，却取得了不一样的成绩，为什么他们比我优秀？我一直在思考这个问题。在今天的测试中我终于找到了原因，我没有很好地利用自己的学习风格，反而把自己的学习风格用在了娱乐上。看来我该好好反思自己的学习方法了。

——贵州省贵阳市第一中学　XD

第十章 生命意识类

活动设计【100】感谢有你们

【活动目的】

让学生在面对极端情形时,体会亲人对自己是多么重要。让学生在游戏过程中,感受亲情的可贵,从而体谅父母,用实际行动回报父母。

【活动步骤】

1. 教师宣布游戏规则:
   - 以小组为单位活动。
   - 要求组内分工明确,每个人都要认真扮演好自己的角色。

2. 每组用旧报纸折叠一只小船。

3. 组内进行分工,小组成员分别扮演爷爷、奶奶、爸爸、妈妈和学生,用卡片标注,将卡片挂在身上。

4. 假设海上突然狂风大作,巨浪滔天,小船漏水。(此时配合场景使用多媒体音效或电影音乐渲染气氛。)学生必须依次选择爷爷、奶奶、爸爸、妈妈其中之一扔进大海,直到把他们全部扔完。
   - 在游戏过程中,选择扔掉某人时用多媒体播放《感恩的心》。

5. 活动结束,小组内交流彼此的心情、体验。

【注意事项】

- 播放《感恩的心》要与游戏中扔掉亲人同步。
- 注意关注情绪失控的学生。

【课后拾遗】

我选择扔掉爸爸时,心如刀割,爸爸对我关爱的场景一幕幕浮现在我的脑海中。我后悔因为任性常常惹爸爸生气,后悔自己虽然是男子汉,却没有分担爸爸肩上的担子,没有为家庭承担责任。我仿佛一夜之间长大成人了,懂得了平时怎样与父母相处,怎样为家庭尽职尽责。

——山东平阴职业教育中心 CHZH

活动设计【101】爱在手指间

【活动目的】

让学生了解自己,懂得感恩、懂得付出,培养学生爱的能力。

【活动步骤】

1. 每两组成员搭配,一组成员围成一个内圈,再让另一组成员站在内圈同学的外面,围成一个外圈。内圈成员背向圆心,外圈同学面向圆心,即内外圈的成员两两相对而站。所有成员在教师口令的指挥下,做出相应的动作。

2. 当教师发出"手势"的口令时,每个成员向对方伸出 1~4 个手指:

- 伸出 1 个手指表示"我现在还不想认识你"。
- 伸出 2 个手指表示"我愿意初步认识你,并和你做个点头之交的朋友"。
- 伸出 3 个手指表示"我很高兴认识你,并想对你有进一步的了解,和你做个普通朋友"。
- 伸出 4 个手指表示"我很喜欢你,很想和你做好朋友,与你一起分享快乐和痛苦"。

3. 当教师发出"动作"的口令,成员按下列规则做出相应的动作。

- 如果两人伸出的手指不一样,则站着不动,什么动作都不需要做。

- 如果两个人都是伸出1个手指，那么各人把脸转向自己的右边，并重重地跺一下脚。
- 如果两个人都是伸出2个手指，那么微笑着向对方点点头。
- 如果两个人都是伸出3个手指，那么主动热情地握住对方的双手。
- 如果两个人都是伸出4个手指，则热情地拥抱对方。

4. 每做完一组"手势—动作"，外圈的成员就向右跨一步，和下一个成员相对而站，跟随老师的口令做出相应的手势和动作。依此类推，直到外圈的学生和内圈的每个学生都完成了一组"手势—动作"为止。每一次"手势"指令之前要有7～8秒沉默停顿的时间，使学生体会内心活动。

5. 教师引导学生进行小组内交流，并集体分享。

(1) 刚才你做了几个动作？握手和拥抱的亲密动作各完成了几个？为什么能完成这么多（或为什么只完成了这么少）的亲密动作？

(2) 当你看到别人伸出的手指比你多时，你心中的感觉是怎样的？当你伸出的手指比别人多时，心里的感觉又是怎样的？

(3) 从这个游戏中你得到什么启示？

【注意事项】

- 活动在异性之间进行时应注意引导。
- 游戏进行过程中要求大家保持无声状态，这样才能用心体验。
- 注意观察，及时解决活动过程中生成的问题。
- "手势"和"动作"口令可以换成音乐指令，渲染气氛，效果更好。

【课后拾遗】

　　我伸1个手指伸了4次，这表明我并不太愿意与其他人交往，因为"朋友"这个词所代指的某些含义我见不到。说实在的，见到有两人伸3个手指以及4个手指后微笑握手，甚至拥抱时，我心中有淡淡的羡慕。我伸出手指比别人多时，心里会很失落。别人喜欢我是有前提的，就是我喜欢他，但随着游戏的进展，我感受到了朋友间互相欣赏才能有深厚的友谊，生命之中应该充满友谊、充满爱。只有生活在爱的包围中，自己才会更快乐！

——山东省莱州市文峰中学　LSS

活动设计【102】符号的旋律

【活动目的】

启发学生思考，认识名字所蕴含的丰富含义，体验到每个人生命的独特性。

【活动步骤】

1. 教师宣布游戏要求：

- 可以随意采用任何符号、图案来代表自己的名字寓意。
- 绘制内容可以包含名字的由来、起名人的期待、自己赋予的新寓意等。

2. 教师分发白纸和彩笔。

3. 请学生绘制自己的"符号的旋律"（背景音乐《蜗牛》），用时15分钟。

4. 小组内分享。

5. 全体成员分享：小组成员集体上台展示自己的"作品"，并分别介绍自己的"作品"。

【注意事项】

- 控制绘制时间，个别没绘制完的学生可让其继续绘完。
- 学生绘制过程中，教师注意观察，留意各种信号。

【课后拾遗】

　　人生的意义在哪里？人活着的价值是什么？我想，人类对人生的这种疑惑，应该与自己在地球上的历史一样长。我们年轻人也不例外，同样也有这样的疑惑，只不过太多的诱惑或者说是迷惘，使得我几乎没有想过，我的名字竟然可以有如此优美的旋律。我绘制的这只千年神龟象征我的名字，意味着坚守与执著、沉思与智慧。今日重温父母对我的这份期待与祝福，为我增添了更多前行的力量。我的未来，会因为这祝福和力量，比手里的彩图更加多姿多彩！

——山东省荣成市第一中学　BHZ

活动设计【103】生命玻璃杯

【活动目的】

- 通过玻璃杯的象征意义体验生命的脆弱，通过开放烦恼、互助解答解决自己面临的困难，体验到来自大家的帮助是对生命的重要呵护。
- 在开放与互助中，激发学生关爱生命、呵护他人，在助人解困中实现助己。

【活动步骤】

1. 教师宣布游戏要求：
- 应积极参与、真诚开放、集思广益、畅所欲言。
- 在卡片上画出一只玻璃杯，并把它描绘得色彩斑斓。
- 在杯子上写下最近自己遇到的困难和烦恼。
- 卡片不记名。

2. 教师分发卡片和彩笔。

3. 请学生绘制玻璃杯，填写最近的困难与烦恼。

4. 收集组内卡片，大洗牌。

5. 每个组员随机抽取一张卡片，仔细阅读后认真解答。

6. 组内其他成员各抒己见。

7. 小组讨论：

- 你抽取到的问题好解答吗？
- 如果你真的遇到了这样的问题，你会怎么办？
- 其他同学是如何看待你的难题的？

8. 每组派一名同学上台分享。

【注意事项】

- 假如学生遇到的问题组内无法很好地解答，教师要及时给予指导。
- 可把问题带到全班同学面前继续寻求解答。

【课后拾遗】

　　怎么面对好朋友对我的严重伤害——这个问题困扰了我快两年，甚至有时候，我告诉自己一定要"报仇雪恨"。这个极端的念头就像一只张着血盆大口的魔鬼，一直在我的头脑里盘旋着，我觉得自己是个很失败的人。今天我鼓足勇气把它写在我的玻璃杯里了，没想到得到全班同学的理解与帮助，这让我感觉到，友情，此刻就在我身边，就在眼前。"报仇"不再重要，重要的是爱惜自己，珍惜和同学们在一起的好时光。我感觉自己仿佛获得了新生。谢谢大家！

——山东省荣成市第一中学　ZJF

活动设计【104】人生八宝箱

【活动目的】

制作八宝箱,找出人生中最重要的八样东西,更加明确自己的需要,更加清晰地认识自己。

【活动步骤】

1. 指导学生制作八宝箱:把A4纸对折三次,打开后便有八个格子,这就是人生的八宝箱。

2. 让学生把人生中最重要的八样东西,"装入"人生八宝箱(写在八个方格里)。

3. 教师引导:沿着人生的长河,带着人生的八宝箱,我们乘着小船出发了,一路上风波不断。

第一次,我们的船超重了,需要打开八宝箱,选择其中一样东西丢进河里。

第二次,狂风暴雨袭击,需要仍掉另外一样宝贝以渡过难关。

第三次,前方出现暗礁,需要再次作出选择。

第四次,旋涡接踵而来,我们不得不再次作出选择。

经过四次的选择后终于暂时风平浪静,可以缓下来休息一会儿,看看手中的八宝箱还剩下哪几样宝贝。转眼间,乌云密布,暴风雨又来了,这时候又要再次丢掉手中的一样宝贝。

最后,曙光终于出现了,经历了五次的选择之后,我们可以到岸上好好休息了。

4. 组内讨论:

- 你认为人生中最重要的八样东西是什么?
- 你最先丢掉的是什么?依次丢掉的又是什么?

- 丢掉这些宝贝会对你的人生带来什么影响？
- 最后你留下了哪三样宝贝？留下它们的理由是什么？

【注意事项】

- 教师发现学生在选择时犹豫要及时点拨。
- 每次选择的时候要留给学生充分考虑的时间。
- 使用音乐渲染气氛，效果更好。

【课后拾遗】

这是一次艰难的选择，开始老师叫我们选出人生中最重要的八样宝贝，我觉得人生中重要的东西太多了，怎么才八样呢？经过反复思考，好不容易选好了，接下来的环节又要舍弃，好矛盾啊！特别是在第四次，我纠结了好长时间，什么都不想再丢了，有一种想哭的感觉，但还是非常狠心地作出了选择。这让我明白了人生的路途中也会有很多类似的选择，我们要学会放弃，才能使自己有更多的机会。

——广东省韶关市翁源中学　RLD

 活动设计【105】人生价值观

【活动目的】

- 认识什么是价值观，理解价值观决定着每个人的选择。
- 通过价值取向辩论活动帮助学生认识价值观的基本知识和基本态度。
- 培养学生的价值观念：即不应把自己的价值观强加给他人，要尽量理解和尊重与自己价值观不同的人。

【活动步骤】

1. 分组：学生选择同意或不同意，同意的站一个区，不同意的站一个区，没有中间选择。

- 人活着就是为了赚更多的钱。
- 地位显赫的人令人羡慕。
- 即使为了自己国家的利益也不应该发动战争。
- 有物质享乐，生命才有意义。
- 做人就是要出人头地。
- 名声与尊严比生命还重要。
- 有权就有一切。
- 有钱什么都能买到。
- 活着比其他一切事情都重要。
- 有精神追求的人生活更幸福。
- 不能尽孝道的人不值得尊重。
- 光宗耀祖对一个人的人生很重要。
- 帮助陌生人更能显示一个人的品行。
- "不是不报，时候未到"这句话有道理。
- 崇拜权力。
- 积德行善可以造福后代。
- 跟着多数人做事，即便错了也可以避免严重后果。
- 没有真诚友谊的人生是失败的。
- 应该禁食野生动物。
- 人死后有灵魂。

2. 进行辩论：

(1) 找1~2个两种选择的人数相近的问题进行辩论。

(2) 由学生自己找一个或两个与自己观念不同的同学进行辩论，尽量用自己的观点说服对方，让对方能改变原来的观念，跟自己的观念一致。
3. 请学生分享：
- 说说自己说服别人的方法和感受。
- 自己被别人说服或谁也说服不了谁的感受是怎样的？

【注意事项】

- 告诉学生，考虑清楚自己的价值取向，不要盲目受他人选择的影响。
- 在辩论中要用自己的观点去说服对方，不应把自己的价值观强加于人。
- 在选择时注意有序进行，不要冲抢，注意安全。

【课后拾遗】

通过这个游戏，让我的价值观念更加清晰。虽然有些选择我是随大流，但课后的反思让我更加成熟，有助于我的心灵成长。在辩论中我被人说服了，改变了原来的观念，但我觉得很值。通过这个游戏，我学会了怎样去分清是与非，如何去尊重别人，这是很好的生活经验和社会经验。

——广东省东莞市第四中学　QZB

活动设计【106】重洗命运牌

【活动目的】

- 让学生理解"接受真实的自我"是掌握自己命运的基础。
- 在"抽取命运之牌重新选择命运"的活动中，通过前后"两次不同的我"来感知当下的幸福。
- 让学生学会接纳自己，懂得珍惜现在所拥有的，感知幸福。

【活动步骤】

1. 教师课前准备活动用小卡片。

A. 供女生抽取的卡片内容：

(1) 我因为不小心摔了一跤导致走路跛脚，被同学笑话。

(2) 父母离异，他们谁也不愿意要我。

(3) 父母下岗了，整天唉声叹气。

(4) 我得了一种怪病，到处查也查不出来。

(5) 父母中了500万元大奖，到处旅游，再也不管我的学习了。

(6) 爸爸出车祸被截肢，妈妈整天以泪洗面。

(7) 我的体重严重超标——150斤，整天被人嘲笑。

(8) 我出生在一个偏僻的小县城，父母都是普通工人。

(9) 我目前的学习成绩很差，经常被一些同学看不起。

(10) 我是个性格懦弱的人，成天受同学欺负。

(11) 我和奶奶生活，而奶奶是个重男轻女的人，一点都不爱我，整天给我脸色看。

(12) 我和父母在外出旅游的途中出车祸了，父母丧生，只剩我一个人孤零零地活在世上。

(13) 我在一所条件很差的学校里读高中。

(14) 我皮肤很黑，小名叫"黑妮儿"。

(15) 我脸上有块胎记，从小就不愿意见人。

(16) 妈妈整天在我耳边唠叨个没完，真的不想在这个家待了。

(17) 妈妈每天放学都来学校接我，这让我感觉在同学面前很没有面子。

(18) 我学习成绩很好，可是不知道怎么回事，同学们就是没人理我，我没一个朋友。

(19) 班里男生都不喜欢我。

(20) 我被老师选为班长。

(21) 我除了学习外没什么擅长的。

(22) 我家里很有钱，可是父母除了给我钱，好像再也没有什么可以给我的了。

(23) 妈妈跟人跑了，我在亲戚家寄人篱下。

(24) 我们一家三口租住在城中村一个小房子里，生活环境很差。

(25) 我是学校的校花。

B. 供男生抽取的卡片内容：

(1) 我从小患小儿麻痹症，饱受同学的嘲笑。

(2) 父母离异，他们谁也不愿意要我。

(3) 父母下岗了，家里经济大不如前。

(4) 我得了一种怪病，到处查也查不出来。

(5) 父母中了500万大奖，到处旅游，再也不管我的学习了。

(6) 爸爸出车祸被截肢，妈妈整天以泪洗面。

(7) 我出生在贫困山区，家里没有一件电器。

(8) 我体重200斤，经常被人称为"胖子"。

(9) 我目前的学习成绩很差，经常被一些同学看不起。

(10) 我是个性格懦弱的人，成天受同学欺负。

(11) 我在一所条件很差的学校里读高中。

(12) 我因为说话声音细，被同学称为"娘娘腔"。

(13) 我除了学习外，没什么擅长的。

(14) 班里女生都不喜欢我，没有女生愿意和我坐同桌。

(15) 当着全班同学的面，有人陷害我偷了她的东西。

(16) 我和父母在外出旅游的途中出车祸了，父母丧生，只剩我一个人孤零零地活在世上。

(17) 我个头比全班的女生还矮。

(18) 我出生在一个残疾人家庭，父母都是聋哑人。

(19) 我经常利用寒暑假打工为自己赚取学费。

(20) 我是班里最帅的男生。

(21) 我家里非常有钱，我整天打游戏，一点都不为将来发愁。

(22) 我父母都是环卫工人,正好负责学校附近的区域。

(23) 我爸爸在街上摆了个修自行车的小摊。

(24) 我家里因为火灾失去了一切。

(25) 我父母都是商场的成功人士,平时生意很忙,我从小一个人生活。

2. 请全班同学抽取卡片:
- 全班学生依次上讲台随机抽取一张卡片;
- 男、女生分别在各自的盒子里抽取卡片;
- 拿到卡片后扣到课桌上不要看,等全班同学抽取完毕再统一看。

3. 翻开卡片:

设想一下你处在这种情况下的命运,然后再看看自己目前的处境、位置与假设的第二次人生选择的处境相比,有什么不同?(给学生5分钟时间思考)

4. 将全班分为若干小组,组内交流:
- 你是否满意纸牌上的自己?为什么?
- 和纸牌上的自己相比,你更喜欢哪个自己?为什么?
- 生命只有一次,我们该怎样面对已经拥有的生活?

5. 请每组派一名代表在全班交流自己的感受。

【注意事项】

- 如发现有的同学不严肃认真对待,教师要及时给予提醒。
- 根据纸牌设计的内容来确定是否分为男女生组。
- 可根据学生的实际情况来设计卡片。

【课后拾遗】

我出生在一个农村家庭。我以前一直幻想家里很有钱,这次真的抽中了,可是父母整天忙于工作,根本没时间陪我,甚至节假日都是我一个人过。我想到我现在的家,虽然穷点,可是爸妈都很爱我,一有时间就陪我。和纸牌上的我相比,我更爱现在的家。我以后一定会珍惜我所拥有的幸福!

——西安市第七十五中学 TXQ

活动设计【107】 我的生命线

【活动目的】

- 对过去的我、现在的我、未来的我作出基本评估,理解每个人的人生都是有起有伏的,学会正确地面对自己人生中的各种事件。
- 通过画图和分享的形式让学生能够坦然面对自己人生中已经发生的重大事件,逐步学会规划自己的人生并付出努力。

【活动步骤】

1. 教师宣布活动规则:
- 静心回忆对自己有重大影响的事件,尊重自己内心的感受;
- 认真全面地考虑自己将来的规划和可能遇到的困难;
- 必须是自己真实的想法;
- 尽量标明时间。

2. 绘制"生命线":
- 把A4纸横放,用黑色笔从左至右画一道长长的横线,然后给这条线最右端加上一个箭头,让它成为一条有方向的线。
- 在线条的左侧,写上"0"这个数字,在线条右方,箭头旁边,写上你为自己预计的可能寿数。请在这条标线的最上方写上自己的名字,再写上"×××的生命线"三个字。
- 仔细思考一下,这张洁白的纸写有"×××的生命线"的字样,其下有一条有方向的线条,代表了自己的生命的长度。它有起点,也有终点,我们为它规定了具体的时限。
- 请一寸一寸抚摸这条线,静静地感受片刻。
- 返回你的生命线,请你按照你为自己规定的生命的长度,找到你目前所在的点（比如规划的生命长度是75岁，现在你是15岁，那就正好是这条线的1/5处）并标注出来。

- 现在所在的这个点的左边代表着过去的岁月，这个点的右边代表着将来。
- 回忆过去对你有着重大影响的事件，在生命线相应的位置写出来。如果你觉得这是快乐的事情，就用鲜艳的笔写，并要写在生命线的上方。如果你觉得很快乐，那写的位置就更高些。如果这件事让你感到痛苦、伤心，请用颜色暗淡的笔写在生命线的下方。如果这件事让你非常难过，请在下方更低的地方写出来。
- 照此类推，写3～4件事。
- 写完之后，请仔细看一看、数一数，在影响你的重大事件中，位于横线之上的多，还是横线之下的多？上升和下降的幅度怎样？感受一下此刻的心情。
- 完成了过去时，进入将来时。思考一下你将来想干的事情，把你一生想干的事都标出来，并尽量注明时间，根据它们带给你的快乐和期待的程度，标在不同的高度。
- 请把一些可能遇到的困难一一用颜色暗淡的笔在下方勾勒出来。

3. 引导学生思考问题：
   - 通过活动，你发现了什么？
   - 在你的生命线上，标出的事件是在横线之上的多，还是横线之下的多？
   - 这样的状况你接受吗？你满意吗？
   - 你想要改变吗？
   - 在活动过程中你有什么样的体验和感悟？

4. 组内交流：
小组内部交流展示自己的生命线。

5. 上台展示：
对于展示，教师和学生不作任何评判，鼓掌以表示尊重。

【注意事项】

- 如有可能,教师可作自我展示,这样学生会更明白。
- 在小组讨论的时候,注意让学生接受不同的人生过程。
- 如果学生出现情感宣泄(例如哭泣)者,做好安抚工作并后续约谈。

【课后拾遗】

　　这次活动中,我发现以前在我看来不能接受的失败,是我自己把它看得太重了。现在看来,失败了不要紧,关键是自己能够重新站起来,做好现在,就像打游戏一样,只要没有GAME OVER,就还有胜利的机会。通过这次活动我重新理解了"塞翁失马,焉知非福"这个成语。

——江苏省南京市第二十九中学　XYF

活动设计【108】选择生存者

【活动目的】

在选择、讨论的过程中了解自己的价值观及他人的价值观,明确生活的意义。

【活动步骤】

1. 教师讲述地球故事:

　　地球上发生核战争,人类将要灭亡。在这个紧要关头,一位中国科学家发明了一个特别的核保护装置,人只要进入里面,就能继续生存下去。这场核战争在中国的幸存者有10个人,但是核保护装置的水和食品、空间有限,只能容纳7个人。也就是说,幸存者中只有7个人可以继续生存下去。

10 人情况表

1、小学教师
2、怀孕的妇女
3、职业篮球运动员
4、12 岁的少女
5、外国游客
6、优秀的警官
7、年长的僧侣
8、流行歌曲男歌手
9、著名小说家
10、患慢性病住院患者

选择结果及理由：

1、_____。
2、_____。
3、_____。
4、_____。
5、_____。
6、_____。
7、_____。
8、_____。
9、_____。
10、_____。

我的感受：_____。

2. 请学生作出选择：请你决定谁可以继续活下去，谁只能面对死亡，为什么？请排出先后次序。请大家认真思考，作出选择。

3. 请小组长将每位组员的选择记入统计表。

小组成员决定统计表

班级：_____ 组名：_____ 组号：_____

成员 人物	1	2	3	4	5	6	7	8	9	决定
1										
2										
3										
4										
5										
6										
7										
8										
9										
10										

4.各小组交流、讨论（每位组员要说出自己选择的理由），讨论时各抒己见，但可以在讨论后修正自己的意见（小组成员也可以保留自己的意见,再作阐明）。

5.各小组组长把小组成员统计表张贴在黑板上，并代表自己的小组介绍小组讨论的决定及讨论情况，全班分享交流。

【注意事项】

● 适合有一定熟悉度的学生群体。

● 注重引导和分享。

【课后拾遗】

　　在有限的生存条件中，应该优胜劣汰，留下来的人应该是对以后重建家园有用的人；或许有病的不应该让他生存，但是内心那种对弱者的同情让我留下了他；放弃年长的僧侣，是因他自己的选择，他看破红尘，对死亡比较能坦然接受；放弃运动员是因为他的食品需求量太大；放弃外国游客，是怕他与其他国家的人在一起生活不习惯。

——广西民族中等专业学校　HHM

第十一章　创新素养类

活动设计【109】百变回形针

**【活动目的】**

在活动中感受团队的创造性思维，发现自我的思维盲区；培养团队合作意识，并从中总结和掌握创造性思维的训练方法。

**【活动步骤】**

1. 教师宣布活动规则：

（1）请在3分钟内想出尽可能多的回形针的用途；

（2）想法最多、最新奇的小组获胜。

2. 教师宣布注意事项：

● 在活动中不要有任何批评意见，只考虑想法，不考虑可行性；

● 想法越古怪越好，鼓励异想天开；

● 所要求的是数量而不是质量；

● 可以寻求各种想法的组合和改进。

3. 开始活动：

（1）请学生仔细观察、把玩面前的回形针，在3分钟内想出尽可能多的回形针的用途，各小组注意记录本组的创意。

（2）教师提示3分钟时间到后，各小组统计创意个数，讨论并推荐最有创意的回形针用途。

4. 小组讨论：

● 你在活动时有什么样的顾虑？看到别人的创意后，你有什么想法？

- 为什么组内成员会有如此多的创意，他的积累源自何处？
- 看到组内成员的分享和经验之谈，你又有何感触？你觉得这次活动的最大收获是什么？

5. 请每小组派一位代表上台分享。
6. 教师依据小组分享梳理创造性思维训练的方法。

【注意事项】

- 思维发散过程需要教师不断启发。
- 禁止学生评判他人点子。
- 引导学生在保证数量的同时提高质量。

【课后拾遗】

当同伴们说出一个个千奇百怪的用途时，我笑了，心里却不停地说："这可能吗？"可是当老师强调"告诉自己我能行，我有方法"时，我突然觉得自己原来是这样的不自信，"不可能"已成为了我的思维定势！改变真的不容易，但也许我真的要有所变化了，加油！

——福建省厦门理工学院附属中学　YCJ

活动设计【110】比比看谁高

【活动目的】

通过团队活动，学会与同伴之间保持高效的沟通，发挥团队创造力，培养团队协作精神，并把这种精神迁移到生活、学习中。

【活动步骤】

1. 教师发给各小组材料。具体材料种类不受限制,教师可根据学校条件收集使用。

2. 要求每组在25分钟之内用所发的材料建造一个高度至少50厘米,外形美观、富有创意的物体。

3. 各组完成后,进行作品展示和评比。

4. 小组讨论:

（1）在活动过程中,组员们表现如何?

（2）在活动过程中,你做了哪些工作?

（3）参加本次活动你有何感受?

5. 每组选一名学生上台分享活动收获。

【注意事项】

● 很多学生一开始可能会无所适从,教师要鼓励学生参与。

● 分组时要注重男女搭配,同时要避免很多已经熟悉的同学在同一小组。

● 活动过程中,注意卫生保洁,并避免大声喧哗。

活动设计【111】穿越一张纸

【活动目的】

学生学会从多角度寻求解决问题的办法,打破常规思维方式,懂得潜能是可以激发的,创造力是可以训练的。

【活动步骤】

1. 教师宣布游戏规则:

(1) 以组为单位，发给每位同学一张 A4 纸和一把剪刀。

(2) 利用一把剪刀和一张 A4 纸剪出环形式样，环形式样必须是完整无缺损的，纸张不能拆分、粘接、打结或订起来，裁剪后仍要保持一个整体，要求全组所有成员能够从裁剪后的 A4 纸中穿越过去，并且穿越后，A4 纸能够还原。

(3) 在讨论过程中，态度要认真，能互相尊重与鼓励。

(4) 每组同学充分发挥聪明才智，在 12 分钟内尽可能想出多种剪法。

2. 让学生们裁剪手中的纸，并尝试让本组人穿越过去。

3. 小组内交流分享与总结。

4. 全班交流分享：

(1) 你们组想到了多少种剪法？从哪些角度、方面想到这些方法的？

(2) 在活动过程中，你们有什么样的感悟？

【注意事项】

- 开始学生不知如何剪，教师要给予引导与鼓励。
- 在活动过程中提醒学生安全使用剪刀。

【课后拾遗】

当老师宣布活动规则，让我们从一张 A4 纸中间穿过去时，我很怀疑，怎么可能呢？让一个人穿过去都很难了，何况让我们全组人都穿过去呢！最后在老师的引导下，我们组的同学慢慢地找到了思路，想到了好几种剪法，不仅能容纳我们组的同学，还可以穿过更多的同学。这让我想起了一句话：没有做不到的，只要想不到的。看来平时我们很需要多做这样的活动来激活思维。

——广西壮族自治区百色市隆林中学　YYJ

活动设计【112】创意结绳网

【活动目的】

- 认识到一个问题可以有多种解决途径。
- 在小组合作、探索与尝试中创造性地解决问题。体验创造性思维和问题解决带来的愉悦。

【活动步骤】

1. 教师宣布活动规则：
   - 每小组发一捆编织绳，不可使用其他辅助材料。
   - 可以将编织绳任意改造，使其能将一个人安全抬离地面20厘米以上。
   - 各小组需在20分钟内完成任务。
   - 不要轻言放弃，勇敢说出自己的想法。
2. 活动开始，各小组根据自己的创意改造编织绳，并尝试将人抬起来。
3. 各小组内部总结、讨论。
4. 各小组向全班介绍织网创意，集体分享。

【注意事项】

- 为保证学生安全，场地最好选择塑胶跑道或者球场。
- 指导语中不要说"结绳网"，避免使学生形成思维定势。
- 可让每个成员轮流体验被本组绳网抬起的感觉。

【课后拾遗】

一开始，我们觉得编织绳的力量太小了，难以承受一个人的重量，所以我们开始考虑如何增加绳子的承重能力。我们想，如果绳子再粗一点，情况可能会更好。于是我们把绳子搓成粗绳，这样绳子的韧性比较强，不容易断。虽然这样一来绳子的长度变短了，但是绳子可承受的力量比较大。然后我们把绳子窝成"Z"字形，每人拉住绳子的一个转角，这样就可以把同学抬起来了。

——广东省汕头市聿怀中学　YH

活动设计【113】创意时装秀

【活动目的】

- 打破思维定势，充分发挥个体的创新能力，在活动过程中勇于将自己的想法落实到作品中。
- 在活动过程中创造美，感受美，展示自己，欣赏他人。

【活动步骤】

1. 各小组成员分工，需选出一名模特、一名讲解员、一名裁判，其余为设计师。
2. 每组派一人领取设计材料：废旧报纸、透明胶。
3. 各组在25分钟内完成一套"时装"的设计与制作，并将其穿在本组模特身上。可以自行用彩色笔或小饰品进行装饰，但不能改变主要设计材料。
4. 各组设计完成后，教师提供音乐，组织"模特"上台进行"时装"表演。
5. "模特"上台展示本组作品，并派本组讲解员介绍本组设计创意。
6. 将所有裁判集中起来，对其他组的"时装"设计作品打分，得分最高组获胜。

7. 小组交流，集体分享。

【注意事项】

- 注意调动学生积极性，要求全员参与。
- 鼓励学生开拓创新，做出与其他组不同的"时装"。
- 裁判要公平、公正、公开打分。

【课后拾遗】

我们组的作品是今天得分最低的，说实在的，我心里有点失落。活动一开始，我们就按照平时穿衣服的路线做衣服，完全没有自己的想法，后来看其他组，都做得挺有创意的，但是，时间已经不允许改了，只能硬着头皮上了。看来，以后还是要多多思考才行啊！

——贵州省贵阳市第三实验中学　YDX

活动设计【114】接力续图画

【活动目的】

了解合作及创新的重要性，认识到创新是自己能做到的事，学习在合作中创新。

【活动步骤】

1. 教师宣布游戏规则：

每组要在15分钟时间内完成一幅画或连环画，题目为"未来的学校"，要求各小组运用新奇的想象力，轮流接力将图画完成。同组的成员可以相互提供参考意见，但不可以代画，完成后小组成员派代表进行简介。

2. 请各小组成员讨论绘画方案。

3. 请各小组成员准备好活动材料：每人一支水彩笔（不同色），全组一张A3纸。

4. 教师宣布"活动开始！"开始接力续图画的活动。

5. 请各小组成员派代表对作品设计意图及内容进行简介。

6. 请各小组成员讨论以下三个问题：
   - 你对本组成员的表现及作品满意吗？如果满意，与同学分享你的满意之处；如果不满意，你觉得改善之处是什么？
   - 你对"创新"与"合作"有什么新的认识？
   - 你对今天的接力续图画活动有怎样的思考和感悟？

7. 请每小组派一名代表上台分享。

【注意事项】

- 教师规定的图画主题可以是其他的，如：下课了、理想的课堂、40岁。
- 要求轮流接力将图画完成。

【课后拾遗】

> 这次活动考验了我们的想象力和团结合作的能力，在画画时要把大家的思想结合起来，共同创造出一个我们未来的学校，虽然我们最终没有赢得胜利，但是在这个过程中我学会了吸取他人合理的意见，准确地表达自己的想法，这是一种全新的体验。
>
> ——西安交通大学附属中学　　SXJ

活动设计【115】突破旧思维

【活动目的】

- 了解什么是思维定势，学会打破思维定势。
- 通过头脑思考题的解决过程，体验思维定势对解决问题的束缚。
- 通过打破自己的思维习惯，成功解决问题而产生的快乐体验，鼓励和强化学生自觉尝试新思维，培养创新思维。

【活动步骤】

1. 连线游戏：

请每人在自己的白纸上画上3×3排列的9个点：

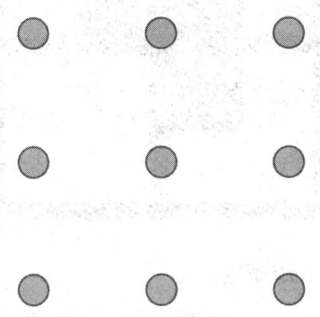

用四条连续的直线连接九个点。先独立思考，若5分钟后还不能解决，可以相互交流。

（若过了10分钟还没有学生画出来的话，教师可以提示：请打破局限思考。）

2. 展示结果：

请成功连接9个点的同学向全班展示结果：

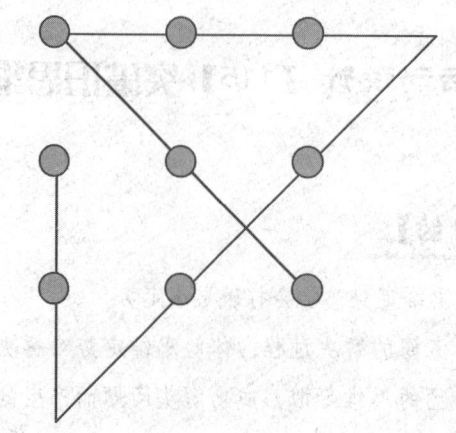

3. 均分图形：请每人将手中的纸翻到空白面，并在纸上画下图，此图均为正方形，浅色图形是1/4个小正方形。

可独立完成，也可以合作完成。

第一步：请用线段将左上角正方形的空白处二等分。

第二步：请用线段将右上角正方形的空白处三等分。

第三步：请用线段将左下角正方形的空白处四等分。（这个比较难）

第四步：请用线段将右下角的正方形七等分。（这个其实很简单）

（以上四步需在前一步解决后再逐一呈现下一步。）

4. 展示结果：

第三步较难，若有同学均分成功后先请其展示均分的方法，然后再请所有同学完成第四步。全部均分结果为：

5. 交流分享均分图形过程中的困难和感悟。

【注意事项】

● 活动开始时教师先不要提示，让学生自己思考，以加深感悟。

● 一定时间后教师给予必要的启示，鼓励学生打破思考局限。

【课后拾遗】

  第二个活动给我很深的感触，因为第三步均分四份这个难度蛮高的题目我都能解出来，所以很自信自己将正方形均分七份也能做出来。因为受到前几步均分思路的影响，一直想找中点来均分，但尝试了很久没办法解决，最后看到结果竟是如此的简单！真是自己限制了自己的思考。

——上海市浦东新区南汇中学   EJ

活动设计【116】驿站传密信

【活动目的】

训练学生突破思维定势,学会运用创新的思维方式,学会利用资源。

【活动步骤】

1. 全班同学按照事先分好的小组,每组排成一列纵队。
2. 活动规则:

- 在活动过程中,不允许发出声音,如讲话、笑、咳嗽,扭头幅度不允许超过45度,不能传、扔纸条,不能使用手机等通讯工具。在活动过程中,后面一位同学身体的任何部位不准超过前面同学背部横截面,以及背部横截面的无限延伸面。如有违反以上规则,警告累计2次扣1分。
- 活动总共进行三轮,每轮所用方法不能与之前使用的相同。每轮讨论时间和操作时间不同,由教师分别通知。每一轮方法有效,结果正确,小组加5分;如果方法创新,另加2分。

3. 教师在黑板上画出记录表:

活动记录表

小组名称	统计项目	第一轮	第二轮	第三轮
A	正确答案			
A	答案			
A	时间			
A	得分			
B	正确答案			
B	答案			
B	时间			
B	得分			
C	正确答案			
C	答案			
C	时间			
C	得分			
D	正确答案			
D	答案			
D	时间			
D	得分			
……				

4. 工作人员设置：

(1) 教师一名：负责统筹活动，派发纸条，回收纸条并计时，观察每队情况；每轮开始时派发有数字的纸条；每组完成后回收记有答案的纸条；记录每组完成时间；把结果抄写在黑板上。

(2) 监督员：每组派出一名队员，分到其他小组负责监督违规情况；若有人违反规则，监督员须大声报告，如"第四位发出声音"、"第六位回头"；记录小组违规次数。

5. 教师导语：

在古代，驿站有着很重要的作用。它是联系城与城之间，国家与国家之间必要的设施。今天我们的这个任务叫驿站传密信，在坐的每一位同学都需要充当一个驿站，但今天传递的不是荔枝，不是物品，而是数字信息。如何传递呢？我会把一些数字信息（如第一轮第一组写"51486255"、第二组写"89475625"……）写在小纸条上发给每一队的最后一个队员，然后你们通过一些方法，在规定时间内把这个信息传递给每队的第一名队员，由第一名队员把答案写在空白的纸上，交给我。由我来判定答案和所用的方法。

6. 活动开始。三轮活动的时间安排：

	讨论时间	操作时间
第一轮	2分钟	3分钟
第二轮	3分钟	3分钟
第三轮	3分钟	2分钟

7. 小组讨论：

- 当你接到这个任务时，你的第一反应是什么？而后你做出了什么举动？
- 小组不能完成任务的原因是什么？
- 在规则的限制下，要完成任务，途径有哪些？
- 你是否仔细研究过规则？什么是在规则之内可以做的？规则是否有可以利用的地方？有没有大胆设想过其他方法？

【注意事项】

- 讲清规则，注意纪律。
- 避免各组之间相互影响，每轮各组的数字不能相同。
- 每轮结束后宣布结果，引导学生反思，再进行下轮的小组讨论。

【课后拾遗】

　　我领悟到，在与朋友交往的过程中要多换位思考，不能把自己的想法强加在别人身上。生活中遇到难题可以请周围的人帮忙，想出更好的方法解决，不能一味地去自我设限，没尝试怎么知道结果呢？小组讨论时，其中一个小组说出了他们使用的传递方法，我惊呆了，我发现我的思维早就被固定在一个圈子里，我们就按照固定思维所指的方向被动地走，却不曾想过要走出这个圈子。我想：我们可以在遵守规则的情况下走一条和别人不一样但同样精彩出色的路。

——广东省东莞市第二高级中学　　LYF

第十二章 情绪管理类

活动设计【117】 互诉面对面

【活动目的】

- 运用面对面倾诉、倾听的活动形式，通过听对方的语言内容、声音，观察对方的面部表情、肢体动作等来理解和感受对方的情绪，同时感受自己当下的情绪。
- 提高学生对自身及他人情绪的洞察力，学会尊重和关注他人的感受，并适时适当地表达个人的情绪。

【活动步骤】

1. 教师宣布活动规则：

- 向同伴诉说你最近遇到的一件事，这件事可以是开心的、不顺心的、焦虑的或难过的，等等。
- 同组两名同学面对面坐在一起。
- 每组同学述说时间为10分钟，每名同学5分钟，教师计时提醒。
- 在一位同学倾诉时，同伴只能认真倾听，通过听对方的语言内容、声音，观察对方的面部表情、肢体动作等来用心理解和感受对方的情绪，不得插话。
- 自己倾诉时也可以适当感受自己当下的情绪。

2. 活动开始，教师计时并关注各组情况，直至时间到。

3. 小组分享：

- 同伴描述了什么事件？

- 同伴的情绪有哪些？
- 同伴的面部表情和肢体语言中给你留下深刻印象的是什么？
- 同伴分享时的情绪对你情绪的影响。
- 当你倾听对方时，你有什么感觉；当你被倾听时，你有什么感觉。

4. 集体分享：每组请一位同学向全班分享活动的收获。

【注意事项】

- 随机分组。
- 分享以自愿为主，可适当鼓励发言较少的同学。
- 分享过程中强调保密和尊重原则。

【课后拾遗】

　　刚开始观察同伴的时候，我还有些小小的害羞，可能平时从来没有这样盯着别人看过，有点不自在。但同伴是个外向的人，她很开心地讲自己的事，慢慢地我也不觉得尴尬了。她面部表情很丰富，说起话来很兴奋，我能感觉到她的开心。

——贵州省清镇市第一中学　　WH

 活动设计【118】解压我有招

【活动目的】

　　了解自身压力情况，明白压力过大可能造成的不良影响，学习缓解压力的有效方法。

【活动步骤】

1. 指导学生吹"压力气球"。

（1）每人领到一只气球和一根毛线。

（2）根据自己进入初中感受到的压力程度，把相应的压力吹进气球里，最后用毛线捆好。

2. 小组讨论：

● 看看自己的压力有多大。

● 了解一下周围同学感受到的压力有多大。

● 比一下谁的压力大。

3. 指导学生举水瓶：

（1）动作要求：起立，手握瓶身，手臂平举，与肩同高，坚持3分钟。

（2）其间不得换手，不得放下，也不能用任何物品支撑手臂。

（3）活动过程中保持安静，用心体会自己的感受。

4. 分组讨论：

● 平时都遇到过哪些压力？

● 缓解压力的有效方法有哪些？

5. 每组派一名同学分享本组总结的减压方法。

【注意事项】

● 气球捆好后装入小组的塑料袋中，稍后再处理。

● 引导学生根据自己的实际情况采取适当的解压方式。

【课后拾遗】

　　自上几次模拟考试成绩下滑后，我感觉到很大的压力。所以在吹气球时，我很紧张，担心自己吹出的气球会比其他同学的大。后来老师让我们相互比较一下，我才发现，在我的周围，很多同学的压力比我的还大。这个发现让

> 我心里轻松了不少。后来通过对缓解压力的讨论,我知道了其他同学平时缓解压力所用的方法,我想我以后也可以尝试用这些方法。
>
> ——广西壮族自治区恭城县恭城中学 WXQ

活动设计【119】冥想的力量

【活动目的】

- 通过音乐、指导语、呼吸三者的配合,感受冥想放松。
- 感受冥想放松给身心带来的益处,了解放松在高压环境下的重要性。

【活动步骤】

1. 教师宣布活动要求。

- 活动过程中关掉手机、闹钟等会发出声响的电子设备,保持教室安静。
- 摘下眼镜、帽子等身上的所有束缚物。
- 找个舒适的姿势坐好。
- 活动过程中不能有意或无意地发出任何声响,以免破坏活动氛围。

2. 第一段指导语:(播放背景音乐——纯音乐《晨光袅绕》)。

把你的身体调整到最舒服的姿势。请将眼睛闭起来,当眼睛闭起来的时候,你就会进入到放松状态。

现在注意你的呼吸,不要太刻意,慢慢地吸气,再慢慢地吐气。吸气时想象你把空气中的氧气吸进来;吐气的时候,想象你把所有的疲劳、烦恼、紧张都通通送出去。让所有的不愉快、不舒服都离你而去,就好像把全身的力气都吐光了一样。

每一次的深呼吸都会让你进入更深沉、更放松、更舒服的状态。

继续吸气、吐气,你一边吸气、吐气,一边聆听我的声音,没有任何想法,只专注在我的声音上面。

或许你能听到外面的声音,那并不重要,重要的是外面的任何声音都会让你更加专注在我的声音上面,然后进入更深沉、更舒服的放松状态。

3. 第二段:(播放背景音乐——纯音乐《迷情森林》)。

现在,注意你的头顶,让你的头皮放松……头盖骨也放松……放松你的脖子;就像有两只小手在轻轻地按摩……放松肩膀……放掉肩膀的压力和紧张,现在全部释放开来,就好像整个骨架散掉了一样。

放松你的左手,放—松……

放松你的右手,放—松……

放松你的背部,让你的脊椎与背部肌肉都放—松……

让呼吸变得更深沉、缓慢……

放松你的双腿,放—松……

每次当你呼气的时候,你会感觉自己更轻松、更舒服、更沉重……

现在想象你站在楼梯上准备向下走,这个楼梯一共有十级,我会从十倒数到一,我会引导你一级一级向下走,每往下一步,你就会进入更深的放松状态,你的身体会更放松、更舒服、更沉重,你的心里会更宁静、安详。

4. 第三段:(播放背景音乐——纯音乐《丛林探幽》)。

十,身心都放松了。

九,你感觉到脑海里愈来愈宁静。

八,你很喜欢这种愈来愈放松的感觉。

七,你的呼吸更加顺畅,每一次吸气的时候都会把一种非常舒服的感觉吸进来。

六,你愈来愈深入潜意识了。

五,全身进入一种非常舒服的状况,好像所有的压力、束缚都消失了。

四,你很喜欢现在这种轻松舒服的感受。

三,你愈来愈深入你的潜意识,仿佛回到心灵的故乡,那是安全与宁静的感觉。

二,即将到达深度放松的状态了。

一,仔细品味、感受,好好地享受深度放松的滋味……你即将走入心灵花园……去探索你的内心深处……

5. 第四段：(播放背景音乐——纯音乐《回首童趣》)。

请你回想一下，你曾经有过的一次非常愉快的经验，可能是你小时候光着屁股到处溜达的情景，或者是你跟朋友一起玩乐的情景，或者是一次很专注很专心地看书，也可能是一次……总之，你好好地回想一下，你当时的心情是怎样的？当时你的内心是什么样的感受，当时的你是怎样呼吸的，……仿佛忘了周围的存在，我要你深深地记住这个感觉，深深地记在潜意识之中……

保持深呼吸，你就像一个正在充电的蓄电池，精力愈来愈充沛，活力愈来愈旺盛……现在继续深呼吸，你的心里会愈来愈平静安详，你觉得自己愈来愈有信心面对所有的事情，你有能力做好任何你想做的事情……记住，你会一天比一天更好。

6. 第五段：(播放背景音乐——纯音乐《一抹绿光》)。

现在，当我从十数到一的时候，你将会睁开眼睛，慢慢醒来，觉得身心都非常舒服，愈来愈舒服。你会一次比一次放松，慢慢地恢复身体的感觉，感觉到内心的宁静，让你的潜意识深深地牢记这个感觉，感觉到内心的宁静，让你的潜意识牢记这个感觉。

十，慢慢醒来，觉得身心都很舒服。

九，愈来愈舒服。

八，慢慢恢复身体的感觉。

七，愈来愈舒服。

六，感觉内心的宁静。

五，你会一次比一次放松。

四，让你的潜意识牢记这个感觉。

三，你会一次比一次放松，让你的潜意识牢记这个感觉。

二，你会一次比一次舒服放松。

一，睁开眼睛，做个深呼吸，让身体动一下，感觉到非常放松与舒服。

7. 小组讨论：

放松过程中有什么样的感觉？

【注意事项】

- 对环境要求高，活动前需讲清规则。
- 指导语的速度尽量缓慢，语音、语调柔和。
- 指导语与背景音乐要相对应。

 活动设计【120】羞愧的游戏

【活动目的】

通过紧张的氛围体验焦虑感受，回顾羞愧时的感受，探讨产生羞愧的经验，提升情绪觉察与调控能力。

【活动步骤】

1. 教师宣布游戏规则：

- 要求态度认真、积极参与。
- 每个人会收到一个信封，而只有一个信封里有纸条。
- 收到装有纸条的信封的那个人要坐到中间的凳子上。
- 坐到中间凳子上的同学要回答老师事先准备好的一系列很难回答、很个人化的问题。
- 任何人都可以向坐在中间凳子上的人提问。
- 所有人都收到信封后，同时打开信封，发现纸条后不能暴露纸条上的内容。

2. 分发信封：其实每个信封里都有纸条，这样每个人都以为自己被抽中了，造成所有人某种程度上的焦虑。这时老师正式告诉大家：每个信封里都有纸条。

3. 情绪讨论：

- 当你看到纸条时，你有什么感觉？

- 想想自己过去是否有过同样或类似的感觉，然后发生了什么？
- 你注意到焦急时自己的身体有什么感觉吗？

4. 观念讨论：
- 你觉得自己为什么会有那样的感觉？
- 大多数人都有不理性的观念，你认为下面的观点对吗？

5. 羞愧讨论：
- 你体验到的羞愧是什么？难为情？意料之外的暴露？讨厌自己？
- 羞愧感是不是有益的情绪？
- 羞愧感有害吗？

6. 集体分享：
- 这节课你学到的最重要的东西是什么？

【注意事项】

- 在开始制造焦虑情绪反应时要做得逼真，不能被学生识破。
- 告诉学生，尊重别人分享的隐私不外传等于尊重自己。

【课后拾遗】

我心里惶惶、七上八下、手心出汗……这种生理上的反应，原来是观念——情绪——神经作用——生理变化——这样一个连续推动的过程。这给我很大触动。我之前没想到观念的力量如此强大。

——山东省荣成市第一中学　HXP

活动设计【121】行动大比拼

【活动目的】

通过"行动大比拼"活动，使学生认识到承担责任是需要努力的，是一种有勇气的体现。

【活动步骤】

1. 教师宣布游戏规则：
- 学生按横竖排成多行站好队，根据教师的口令进行相应的动作。
- 每小组如有人出错则扣1分，出错人次与扣分相应，最后扣分最少的组获胜。
- 出错学生要走出来站到大家的面前，先向大家鞠一个躬，然后高举右手大声说："对不起，我错了！"
- 出错的学生退出游戏，然后其他的同学重新开始。
- 依此循环，出错出列的学生可以协助监督。

2. 教师宣布标准口令：
- 教师喊"一"时，学生向右转。
- 教师喊"二"时，向左转。
- 教师喊"三"时，向后转。
- 教师喊"四"时，向前跨一步。
- 教师喊"五"时，不动。

3. 小组讨论：
- 如果你出错，被处罚的感觉是什么样的？出局的感觉又如何？
- 如若你一直不出错，你这样在意这个游戏，你觉得累吗？

4. 集体分享：

尽量引导学生不要压抑自己，说出自己的心声。

【注意事项】

● 一开始可能会有些混乱，教师要尊重并引导好学生。

【课后拾遗】

　　以前我从来不主动承担责任，经常为自己找借口，结果弄得好多同学都对我有意见，说我不负责任，说话不算数。通过这次的活动，我体会到了承担责任和承认错误并不是那么难。在以后的学习和生活中，我会更努力地去承担责任，承担更大的责任。

——贵州省盘县第二中学　YMH

 **活动设计【122】学做"身"呼吸**

【活动目的】

了解放松训练的原理及重要性，学习并掌握放松身心的方法。

【活动步骤】

1. 教师宣布活动要求：

● 活动过程中保持安静。

● 摘下眼镜、帽子等身上的束缚物。

● 找个舒适的姿势坐好。

● 活动过程中不能有意或无意地发出任何声响。

2. 开始活动：（循环播放《山溪》）

指导语：

准备好了吗？好，先用鼻子慢慢地吸足一口气，大约数3个节拍，然后慢慢吐气，也用3个节拍。现在深深地吸气，慢慢地呼气，再来一遍，深深地吸气，慢慢地呼气。

春天来了，一片鸟语花香，你静静地躺在草坪上，心情舒适而愉快地享受着春天带给你的欢乐与愉悦。一束温暖的阳光暖暖地照在你的头顶，你觉得头部放松了。这股暖流从整个头部慢慢地流向你的额头，你紧锁的眉头舒展开了。请你仔细体会一下眉头舒展之后放松的感觉，你觉得好舒服好轻松。你脸上的每一块肌肉都特别放松，你觉得舒服极了。

这股暖流从整个头部流到颈部、颈椎，你觉得颈部放松了，颈椎放松了，血液流动非常流畅。慢慢地，这股暖流流向你的双肩，你的双肩放松了，每一块肌肉都得到放松，特别舒展，血液流动很流畅，暖暖的，非常舒服。这种温暖的感觉流向你的前臂，你的前臂放松了；又慢慢地流向你的小臂，你的小臂放松了；然后顺着你的手掌心，慢慢流向你的手指尖，你的手心暖暖的；请你体验一下手心温暖的感觉，非常温暖，非常放松。你再重新体验一下这股暖流从头顶慢慢流向你的双眉、额头，你脸部的每一块肌肉都得到了放松，顺着你的颈部、颈椎、双肩一直流向你的手指尖，所有的疲惫都从你的手指尖流走了。

这股暖流流向你的前胸后背，整个前胸后背的肌肉都特别放松，你胃里的不舒服在慢慢地消除，你的感觉好极了，腰部非常舒服，非常放松。整个髋关节都非常放松，臀部的每一块肌肉都得到彻底的放松。

现在请你把注意力集中到你的大腿上，这股暖流慢慢地流向你的大腿，你大腿上的每一块肌纤维都非常放松，你的膝关节也放松了。这股暖流顺着你的膝关节慢慢地流向你的小腿，你的小腿放松了，踝关节放松了，脚跟、脚掌心非常放松，体验一下脚掌心舒适放松的感觉，非常的舒适，慢慢地这股暖流流向你的脚趾尖，你的脚趾尖非常放松。

现在从头到脚再来一遍。现在你的头部放松了，体验一下头部放松的感觉；你紧锁的眉头放松了，舒展开了；你的颈部放松了，你的颈椎放松了，你的双肩也放松了，你的手臂放松了，一股暖流顺着你的手臂流向你的手心、流向你的手指尖，所有的疲惫、烦恼都从你的手指尖流走了。当这种烦恼和疲惫都消失了的时候，你有一种无拘无束的感觉，你的感觉真的好极了。你的胸部放松了，你的躯干放松了，尤其是你的颈部、颈椎、双肩、腰部都非常放松，你体验到一种从未有过的放松的感觉。你的髋关节放松了，你的臀部放松了，你身上所有的肌肉都非常非常地放松。请你慢慢地体验，好舒服好轻松！现在你觉得浑身放松，心情舒畅，就像躺在湖面上随风飘荡的小船上一样，暖风徐徐吹过你的整个身躯，还有一丝淡淡的水草的香味。你闭上眼睛，深深地陶醉在这片水波荡漾的美丽风景中，你觉得心胸特别地宽广，心情特别地愉快，全身的肌肉非常地放松。好，现在请你慢慢体验一下这种放松后愉悦的感觉。现在你觉得浑身特别特别地放松，心情特别特别地愉快，你觉得舒服极了！

现在你觉得浑身都充满了力量，心情特别地愉快，你的头脑清醒，思维敏捷，反应灵活，眼睛也非常有神，你特别想走走，散散步，听听音乐。准备好了吗？好，请你慢慢地睁开眼睛，你觉得头脑清醒，思维敏捷，浑身都充满了力量。请活动一下身体。

3. 请各小组成员讨论以下三个问题：
  ● 在学做"身"呼吸活动中，你有哪些感受和体验？
  ● 在哪些情况下你可以运用此次活动学到的方法？
  ● 你对今天的学做"身"呼吸活动有怎样的思考和感悟？

4. 请每小组派一名代表上台分享。

5. 教师宣布"活动结束"，并小结：

放松训练体现出肌肉和大脑之间双向传导的关系，即大脑可以支配肌肉放松，而肌肉的放松又可以反馈给大脑。所以，在日常生活学习中，只要你感受到紧张、压力大，可以随时、随地地运用今天学习的放松训练的方法，给身体一次深呼吸的机会，使肌肉放松，从而缓解心理的紧张。相信大家通过练习掌握此项技能后，一定可以及时有效地进行自我调节，放松身心，快乐生活。

【注意事项】

● 放松的环境要保持安静，光线不要太亮，尽量减少其他无关刺激。
● 放松时，学生闭上眼睛并配合指导练习呼吸。
● 放松训练不是一朝一夕能够奏效的，必须经过数周乃至几个月的练习。

【课后拾遗】

　　我轻轻闭上眼睛，就好像真的躺在散发着清香的泥土气息的草地上，鸟儿清脆的歌声萦绕在我耳畔，小兔子欢愉地跳舞。一缕温暖的阳光像丝绸一样轻轻披在我身上，柔柔的，暖暖的。我从头到脚都慢慢放松、舒展开了。闻着清新的空气和淡淡的花香，我的嘴角不自觉地上扬——微笑。真想陶醉在这美景里，美美地睡一觉啊！

——西安交通大学附属中学　HYX

 活动设计【123】增强幸福感

【活动目的】

- 认识到对坏事情思考太多会减弱幸福感，训练思考生活中好事情的能力。
- 养成回想并记录下每天发生的令自己满意的三件好事情的习惯。

【活动步骤】

1. 教师宣布活动规则：

用10分钟时间写下发展顺利的三件事情以及为什么发展顺利。列举的事情可以是不怎么重要的事情（"今天，放学回家的路上我买了我最喜欢吃的冰激凌"）或者相当重要的事情（"我的姐姐生了一个健康的男孩"）。在每一件积极事件的旁边回答这个问题："为什么这些好事情会发生？"比如，一些人会在自己买冰激凌这件事的旁边写上"因为我喜欢积攒零钱买自己喜欢的东西"或者"因为今天天气太热，口袋里又有零钱"。当被问到姐姐为什么会生一个健康的男孩，一些人可能会写"上帝一直在关心她"或者"她在怀孕的时候，所有的事情都做对了"。也可以回答这个问题："为帮助这个好事情发生，你曾做过了什么?"

2. 活动开始:

(1) 请学生思考三件进展顺利的好事情。

(2) 请学生写下进展顺利的三件事情。

(3) 请学生写下为什么这件事进展顺利以及你曾做过什么帮助其进展顺利。

3. 小组分享:写完之后,在小组内交流分享。

4. 集体分享:每组请一位同学分享完成该活动后的内心感受。

【注意事项】

● 请学生坚持一个星期,它将变得容易起来。

● 无论小事还是大事都可以写。

● 同学们之间不要相互看,等到分享阶段再交流。

【课后拾遗】

　　幸福很简单,生活中处处有幸福,我们应该学会更多地回忆生活中幸福、快乐的事情,而不是一味地回忆无趣的事情,而让生活中的烦恼事浸泡自己的大脑。我们要有心地去回忆,有心地去品味,有心地去感受,有心地去咀嚼,有心地去珍惜幸福,让自己的幸福指数升高。

——广东省汕尾市新城中学　WM

活动设计【124】突破心重围

【活动目的】

　　在游戏中探索,找到解决问题的办法,并从中感悟面对挫折时应有积极的态度。

【活动步骤】

1. 教师拿起一张A4纸，对折一下，从中间剪下一个3平方厘米的小纸片，问："哪位同学能够从这张纸中间穿过去？"（非脑筋急转弯，需要认真思考）稍候片刻，再拿起剪下的小纸片问："如果刚才的纸洞不能穿过去，那么这张纸可以吗？"

2. 教师引申：很多时候，小纸片就像我们现在遭遇的困难与挫折，如果我们选择了放弃，那问题永远都不可能得到解决了，但是我相信在座的每位同学都不会这么轻易地放弃，你们一定会找到合适的解决办法的，希望大家认真思考一下。

3. 小组探索：各小组学生提出自己的解决方案后，教师拿出事先准备好的已经剪好的样板展示给学生并让他们思考：

- 为什么刚才都认为不可能的事情，现在变得可能了呢？
- 是什么让我们将不可能的事情变成了可能？
- 在老师宣布这个问题的时候，你是什么样的心态？
- 如果你当时认为这个问题是可以解决的，你是基于什么样的想法？
- 如果你当时认为这个问题不可能有解决的办法，你是基于什么样的想法？
- 掌握我们人生最大的力量是什么？

4. 集体分享：你从这个游戏中获得了哪些启发与收获？把它写在纸上，并附上自己的心得体会。写完后把纸捏成一团，扔进离自己最近的纸篓里。教师随机抽取纸篓中的纸团，全班交流分享。

【注意事项】

- 游戏中引申环节教师要注意组织语言，让学生独立思考。
- 剪纸环节一定要让学生亲身体验，才能有更直接的感受。
- 分享环节教师作适当点评。

【课后拾遗】

游戏中，我盼望别人想出撕纸的方法，自己可以去向别人学。我意识到其实我在生活中也总盼望他人给予自己帮助。想不出题目，就向别人请教，却放弃了思考。今天的游戏，让我想了很多，下次再面对学习上的难题时，我要自己独立思考。

——贵州省贵阳市第三实验中学　WJ

活动设计【125】书本的重量

【活动目的】

学生在游戏中体会到持续的压力不利于任务的有效完成，学习也是如此，懂得适时释放、调整，才能够轻松应对。

【活动步骤】

1. 教师引导：很多时候，书就像是我们的压力，我们总会想：坚持，坚持，再坚持……以为只有这样，才能顺利到达目的地。现在请大家按我的指示做动作。

- 背部挺直，坐在座位上。
- 平伸出双手，伸直，掌心向下。
- 将语文、数学教材分别放置在手背上。
- 要求坚持这个动作10分钟，如果实在坚持不了，可以放下。

2. 再次游戏，教师引导：我们是否想过，在适当的时候，适当地调整，缓解我们的压力，或许有助于我们坚持得更久呢？下面请按我的指示做动作。

- 重复刚才的动作，坚持的时间依然是10分钟；
- 这一次中途休息两次，每次1分钟。

3. 小组讨论：第二次是否感觉比第一次完成得轻松一些呢？

4. 全班分享：谈谈如何在紧张忙碌的学习生活中合理地释放压力。

【注意事项】

- 提醒学生手臂一定要伸直，不能弯曲，背部也必须挺直。
- 对于游戏中不能坚持的学生不勉强。
- 对于第一个环节中能坚持的学生给予鼓励。

【课后拾遗】

  我们班某某同学的成绩很好，我一直很郁闷，我那么努力，但是成绩还是不如他，我们可是差不多一样的分数考进来的。我一直以为，他一定是晚上不睡、周末不玩、成天学习的书呆子，今天老师让他和大家分享他的经验，我才知道，原来他周末还去学跆拳道，而且下午社团时间也去打打球什么的。我得多反思一下自己了，是不是我给自己的压力太大了。其实，我读高中前也有很多爱好，比如弹钢琴、跳舞，但是后来父母说上高中了，得多努力，我就把这些爱好都暂时放弃了。看来还是要适当地给自己释放压力。

——贵州省贵阳市第三实验中学　CJY

第十三章 青春探索类

活动设计【126】玻璃大鱼缸

【活动目的】

- 通过提问、观察和讨论来找到同性归属感,扩展对异性的了解。
- 在练习过程中,学会从不同的侧面欣赏别人,领悟男生、女生交往的必然性,以恰当的方式表达男女之间的情谊。

【活动步骤】

1. 教师提出活动要求:认真聆听,态度要真诚。

2. 男生、女生分开,同性别的人一起围绕男生、女生相处及关系进行讨论,提出一些需要异性同学回答的问题,收集后放在一个小盒子里。

3. 女生围成圈坐在地板上,男生坐在外圈的凳子上。

4. 女生轮流从盒子里拿出男生们的问题,每个问题都要大声读出来。女生们讨论,然后回答。男生要想参与女生的讨论,需要举手,得到读问题的女生同意后才可以。读问题者即是组织讨论和回答问题的人。

5. 男生女生换位置,以同样方式进行回答所收集的女生的问题。

6. 讨论与分享:活动中有什么让你感到惊奇的?

【注意事项】

- 每个提问写在单独一张纸上折叠好。
- 先让女生坐内圈开始讨论。
- 教师要注意观察组员活动中的各种情况。

【课后拾遗】

今天我问了一直想问却不敢问的问题，我有两个收获，一是发现我的哥们儿都需要这个问题的答案；二是我发现女生是如此大方，她们考虑问题比我们要深远全面。

——山东省荣成市第一中学　GYR

活动设计【127】一起来约会

【活动目的】

在练习过程中，明确自己的个性特征中需要改善的部分与被他人喜欢的部分，从而获得新的成长和改变。

【活动步骤】

1. 教师宣布游戏规则：

- 态度要真诚，要认真地进行倾听与交流。
- 活动以组为单位进行，每个人与组内其他组员一对一地"约会"互动。
- 每组设组长一名，协调组内互动秩序，填写互动表格。
- 每组设一名计时员，负责宣布互动时间的开始与结束；
- 计时员由组内成员依次轮换担任；
- 每次互动时间为6分钟，6人一组共36分钟。

2. 宣布每次"约会"组员须回答三个问题：

（1）在我印象中，你是一个_____的人。

（2）你最让我喜欢的一点是_____。

（3）我感觉，你在_____方面稍作完善就更好了。

3. 开始"约会"：

分发时间表,组内制定"约会"表,开始"约会"。

组员"约会"时间表						
	学生 a	学生 b	学生 c	学生 d	学生 e	学生 f
学生 a	※	1	2	3	4	5
学生 b	1	※	3	4	5	6
学生 c	2	3	※	5	6	1
学生 d	3	4	5	※	1	2
学生 e	4	5	6	1	※	3
学生 f	5	6	1	2	3	※

※ 表示在这个时段担任计时员。

4. 小组讨论:
- 给予答案和接受回馈,它们分别给你什么样的感觉?你更喜欢哪一种?
- "约会"时你是主动接近对方,还是等对方来接近你?对此你有什么感受?
- 你有没有发现大家给你的回馈中有什么固定的主题?对此,你怎么看?

5. 集体分享:从"约会"活动中学到的最重要的东西是什么?

【注意事项】

- 教师要尊重并帮助学生安排好"约会"时间表。
- 这一游戏在新生入学的时候进行效果最好。
- 在进入互动阶段后教师不要介入太多。

【课后拾遗】

这次的活动给我很大触动，让我重新认识了自己。我没想到我在大家心目中有如此多的优点，一直以为我在大家眼里是个有怪癖的人呢。同时，我还发现，我在人际交往中一直很被动，我似乎不太习惯或者说不太会主动接触别人。

——山东省荣成市第一中学　DEJ

活动设计【128】E 网情也深

【活动目的】

辨别网络交友的危害，意识到网络与现实的差异，从现实中收获更多的友情。

【活动步骤】

1. 网瘾自测

每个小组发一张《网络成瘾标准》清单，小组内相互交流，各自评价自己符合几条。

网络成瘾标准

网络成瘾是指个体反复过度使用网络导致的一种精神行为障碍，表现为对网络的再度使用产生强烈的欲望，停止或减少网络使用时出现戒断反应，同时可伴有精神及躯体症状。目前，我国初、高中男生是网络成瘾的高发人群，网络游戏成瘾占82%，其次是网络关系成瘾。

下面有八条网络成瘾的衡量标准，每个同学对比一下自己的情况，看看有几条符合：

[1]. 头脑中常常浮现上一次上网的情境或期待下一次上网。
[2]. 上网后烦躁不安、焦虑、易激惹等症状可迅速减轻或消失。
[3]. 要花更多的时间上网才能感到满足，且时间不断延长。
[4]. 曾经努力过多次，想控制、减少或停止上网，但没有成功。

第二部分 心理活动

[5]. 尽管知道上网会给自己带来或已经带来危害，仍然忍不住继续上网。
[6]. 对上网之外的其他事物的兴趣明显减少，失去以前的爱好和娱乐。
[7]. 用上网来回避现实或缓解不良的感受和情绪。
[8]. 对家人、朋友、专业人员隐瞒上网的真实时间和费用程度。

2. 自我思考：

- 你还知道哪些较受欢迎的网名？网上聊天和现实有什么不一样？（比如说话更大胆，可以不用为自己所说的话负责任之类的）
- 网络交友给自己带来的利与弊有哪些？

3. 小组讨论：

- 是哪些因素吸引了你，使你E网情深？
- 网络交友利大还是弊大？

4. 集体分享：

- 你是怎么看待网络对自己的影响的？
- 你是如何使用网络的？

【注意事项】

- 小组交流时鼓励学生讲自己网络交友的情况。
- 对勇于发言的同学要鼓励，不应加以价值判断。
- 辩论时双方辩手要把握好观点，教师可以适当指导。

【课后拾遗】

现实中我是个比较内向的人，但是在网络上我有另外一面。网络上我有许多朋友，我对他们都很真诚，直到有一次我被一个网友可怜的身世所打动，把自己的压岁钱都给了他，几天后他就消失了。我很伤心，觉得网络上的朋友不太可信。

——广东省韶关市翁源中学　LHJ

活动设计【129】爱情心配方

【活动目的】

- 知道出现关心异性、喜欢与异性交往甚至憧憬属于自己的爱情的想法都是正常的。
- 通过活动让学生澄清自己的爱情观。
- 通过活动让学生体验男女同学对待爱情的态度,以坦诚的态度来面对自己所认为的爱情。

【活动步骤】

1. 请大家利用现有的材料(白纸、白板笔、蜡笔、彩笔、剪刀)将自己所想象的爱情表现出来。同时播放轻音乐。

2. 提出要求:
   - 在制作的过程中,所有的东西都需要自创,语言也不例外。
   - 将最能代表自己内心、最想表达的东西阐述出来即可。

3. 小组讨论:
   - 介绍自己制作出来的想象爱情的作品有何寓意。
   - 介绍自己如何看待中学生恋爱。

4. 集体分享:应该怎么看待和拥有完美的爱情?

【注意事项】

- 反复强调真诚才能打动自己和教室中的异性同学。
- 做手工时应放首轻快的轻音乐,这样会让学生更投入。
- 在学生制作的过程中,教师应对不投入的学生多加关注。

【课后拾遗】

没有过一场暗恋的青春是不完整的……其实，在每个女孩子的心里都曾有过这样的一个梦，梦里，有一望无垠的大海，有一条满载幸福的小船逐渐向她靠近。每个女孩都应该有理由相信，走过青春期的迷茫与躁动，自己会如蛹成蝶，而那个有着"幸福船"的梦也终会实现……

——安徽省合肥市第八中学 ZCL

活动设计【130】 七彩的自我

【活动目的】

通过相互用颜色形容对方并说明理由的形式，让学生在充分的参与和互动中了解他人对自己的态度，从而完善自我意识。

【活动步骤】

1. 教师介绍活动程序：

   (1) 首先将全班分为若干小组，每小组选择一位组员作为被评价对象。

   (2) 组内其他成员分别用一种颜色或几种颜色描绘这位成员，可以从外貌，性格或其他方面给予解释，选择这种颜色是因为他有某某特征。

   (3) 这位被评价的同学将其他人对自己的评价记录在"七彩的自我"分析表中。

七彩的自我				
分析对象：高（　　）班			
分析者	外貌依据	性格	其他

（4）其他组员依次成为被评价对象，重复以上程序。

2. 小组成员在小组内分享感受，小组长根据成员的分享将发言记录在"总结记录表"中。

总结记录表		
组员	想法	感受

3. 各组小组长在全班分享本小组成员的感受与想法。

【注意事项】

- 提出建议时不得借机对他人进行人身攻击。
- 鼓励学生积极探索他人的内心世界。
- 每个学生可用多种颜色来描绘他人。

【课后拾遗】

这种方式让我们相互成为对方的镜子,照一照自己的另一面,还真是有不一样的感受。其实我一直觉得自己是很内向、不善于结交朋友的人,但是今天有一位同学用粉红色形容我,她认为我是一个非常具有亲和力的女孩,很想和我成为好朋友,这让我很震惊,因为我也一直想和她交朋友,只是看到她周围总是围着很多人,我就退缩了。今天,我们俩在活动中已经成为朋友,现在我真的很高兴。

——江苏省南京市育英第二外国语学校　CJY

 **活动设计【131】我有我风采**

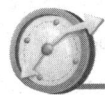 【活动目的】

通过各种对自我的评价,能认识真实的自我并正确对待他人的评价,同时,也学会观察,加强同学间的了解,增进友谊。

 【活动步骤】

1. 小组长负责将成员的姓名填在"我眼中的小组成员"和"小组成员眼中的我"两个表格中相应字母下面的姓名栏内。字母与人一一对应,组内每位成员对应一个字母,不能重复或共用。如每组少于8人,则多余的字母空着。

我眼中的小组成员								填表人：	
字　母	A	B	C	D	E	F	G	H	
同学姓名									
生　物									
比喻理由									
相 似 点									

小组成员眼中的我								填表人：	
字　母	A	B	C	D	E	F	G	H	
同学姓名									
生　物									
比喻理由									
相 似 点									

2. 每位同学分别找一种生物来形容本组成员，并完成"我眼中的小组成员"。

3. 教师宣布活动要求：

- 大家找的生物与被形容的同学要有一定的相似性或共同点。
- 寻找共同点时主要从个性、品德、精神等内在特质上入手，避免从外貌上入手。
- 这种生物，可以是真实存在的动物或植物，也可以是虚幻的角色。
- 本着友善、欣赏和严肃的态度出发，不能借机嘲笑他人或给别人取绰号。
- 根据自己对身边同学的了解，真实、客观地评价同学。
- 不仅是对小组成员，每个人也要找一样生物来形容自己。

4. 小组讨论：

从A开始，小组成员依次告诉A，找了哪种生物形容他，为什么要找这种生物来形容他。被形容的同学记录大家的答案，完成《小组成员眼中的我》。交流活动按字母顺序依次进行。

5. 根据同学给的评价，每位同学完成《自我评价表》。

自我评价表　　填表人：_____

看着这些评价，你有惊喜的发现吗？回答是的话，请写下理由。

让你惊喜的理由：

你认可的评价是：

你的理由是：

你不认可的评价是：

你的理由是：

你希望与谁交流评价：

---

6. 请每个小组派代表上台分享。

【注意事项】

- 活动关注的重点不是找了什么生物，而是找这个生物的理由。
- 强调在找比喻时，一定要客观、真诚、严肃和友善。
- 引导学生关注大多数人的评价及与自己最亲近的人的评价。

【课后拾遗】

在活动中，我发现有同学把我比喻成向日葵，说我阳光、积极向上。其实，我一直觉得自己是多愁善感的。听了她的评价，不管我以前如何，我相信我将来一定是积极向上的。

——浙江省桐乡市凤鸣高级中学　ZHX

活动设计【132】勇闯地心岛

【活动目的】

通过创设问题情境，让学生在一连串的选择中认清自己的审美取向并正确认识外在美和内在美。

【活动器材】

- 画报两张（可以是真人，也可以是卡通的），一张画报里面的人外表很英俊、身材很好，另一张为外表很一般、身材一般甚至是丑陋臃肿的人，下面两幅画供参考。

- 眼罩若干。

两个箱子，箱子内有各种纸条，彩色的、黑白的。

【活动步骤】

1. 教师引导：现在我们所有人都到了地心岛亚特兰蒂斯茂密的森林中，这里面有一座亚特兰蒂斯城堡，城堡的大厅里面有两个箱子，每个人只能从其中的一个箱子里面抽取纸条……

2. 请学生依次迅速从箱子里面抽取纸条；得到漂亮的彩色纸条的学生被淘汰，将不参加下面的活动。

3. 请过关的学生戴好眼罩，然后在原地转三圈。

4. 学生转圈完毕后，教师宣布：我们顺着漆黑的楼梯向城堡的顶层移动，来到了另一个神秘的房间，亚特兰蒂斯之王应该就在这个房间里，但是我们什么也看不到，隐隐中，有一股神奇的气味，我们只能选择一个方向前进……

在宣布故事情境时，教师将香水喷到其中一个箱子里面（剂量不要太多），学生有30秒的时间选择走到哪个箱子一边，当所有的学生都选择完毕后，教师宣布：走到有香味的箱子边上的学生被淘汰。

5. 胜出的学生继续参加第三轮活动。教师让学生去掉眼罩，宣布活动规则：我们成功地走到了亚特兰蒂斯王的身边，但是，奇怪的是，这里有两个亚特兰蒂斯王（事先将两张画报贴在前后黑板上），其中只有一个是真的，这是最后的选择，请你走到他的身边吧。

学生依然有30秒的时间选择，选择完毕后，宣布：选择长相英俊的人作为亚特兰蒂斯之王的学生胜出。在胜出的学生的请求和帮助下，亚特兰蒂斯之王同意将我们都送回地球表面，我们回到了可爱的家乡。活动结束。

6. 小组讨论：
- 在你面临选择时，你选择的标准是什么？
- 当你被宣布出局时，你的感想如何？
- 你对今天的"勇闯地心岛"活动有怎样的思考和感悟？

7. 集体分享：

请三关都获胜的同学谈谈成功经验。

【注意事项】

- 活动中要注意学生的安全，防止碰撞。
- 指导学生正确看待外在美和内在美在人生活中的作用。
- 可以进一步引申到偶像崇拜的话题上。

【课后拾遗】

这次活动，我在最后一轮被淘汰了，这让我明白了，外表好的东西也不一定就是坏的。这和我以前的观点很不同。通过这个活动，我认识到了看待事物要客观，不能将外在美和内在美联系起来，因为它们之间可能没有对应关系。

——江西省信丰县第二中学　ZCP

活动设计【133】男女障碍赛

【活动目的】

知道恰当地与异性交往能促进相互了解和个人健康成长。

【活动步骤】

1. 教师宣布游戏规则：

- 一个男生和一个女生为一组，其中一个人戴上眼罩。
- 障碍的设置由不参赛的学生来完成，由教师控制难度。
- 指挥者可以为男生，也可以为女生，只能用语言指挥，不能用任何肢体语言引导。

2. 游戏开始，每次请两组同学从教室的两个过道同时进行穿越障碍的比赛，并请人做好监督和记录工作。凡是在穿越过程中碰到障碍物或者指挥者使用了肢体语言引导的，会被记录并扣分。

3. 小组分享：

- 异性交往如何做到恰到好处？
- 如何避免走入恋爱的误区？
- 你是怎样看待中学生恋爱问题的？

4.集体分享:
- 你认为自己的异性交往处于正常范围吗?
- 对正在恋爱中的同学,你有何建议?

【注意事项】

- 设置的障碍难度不能太低。
- 参加体验的学生应该不少于20人(10组)。
- 引导学生思考异性交往问题。

【课后拾遗】

  我是一个害羞的女生,平时几乎不怎么和男生交往。这次活动,我既没有主动参加,也没有被老师点名抽到。但是,我是一名忠实的观众,我一直都在认真观察每个小组的表现。我发现有些同学表现得很羞涩,就像我一样,但是慢慢地,随着活动的进行,他们变得不再那么羞涩了,语言的表达变得更加流畅,配合也更加默契了。看完这个活动,我觉得,其实,异性交往就那么回事。虽然,有些同学喜欢乱起哄、制造谣言,但是,我觉得如果真诚地和异性同学交往,还是会收获不小吧!我也准备以后尝试一下,积极地和班上的男生交往交往。

——重庆市铜梁中学 CXM

第十四章 生涯规划类

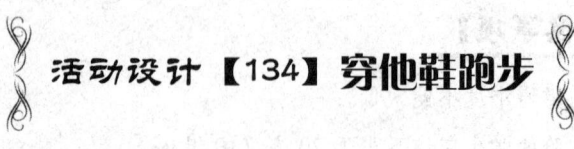

活动设计【134】穿他鞋跑步

【活动目的】

培养学生客观认识自我，对自我进行合理的评估，制定适合自己的目标，认识职业生涯规划的重要性。

【活动步骤】

1. 活动实施：

   （1）请所有同学都站到讲台上，每个人都脱下自己的一只鞋。

   （2）将脱下的鞋子用力甩到尽可能远的地方。

   （3）给大家一分钟的时间调整，教师喊"一、二、三"，之后所有人马上到下面选一只鞋子。

   （4）穿上自己选的鞋子，在教室跑三圈，并在原地蹦五下。

2. 小组交流：

   ● 当自己没有找到合适的鞋子时，你的反应是什么？

   ● 你穿这样的鞋子跑步和蹦的时候，你的感觉是什么？

   ● 如果说，把鞋子比作生活和学习中的一些事，你有什么样的发现？

   ● 如果以后遇到类似的情况，你会怎样选择呢？

3. 集体分享：生活中"穿着别人的鞋子跑步"的事情时有发生，作为学生，应该怎样避免这样的事情发生在自己的身上呢？

   ● 怎样去选择适合自己的鞋子呢？

【注意事项】

- 体验人数要多于20人,适合全班参与。
- 在甩鞋子的环节,一定要控制时间,注意安全。
- 在活动进行中,可以选取一些激进的背景音乐烘托气氛。
- 男生女生分开为好。

【课后拾遗】

以前听父母和老师提过无数次,要给自己定一个目标,要考什么样的学校,要选什么样的专业,全都是大套大套的理论,耳朵都起茧子了。可是,今天通过活动亲身体验后,我感觉应该针对人生的发展、大学的要求来规划高中生活,安排时间,会更有目标性和主动性,不会浪费自己的时间。从今天开始,我要对高中的生活进行有效的规划。

——贵州省清镇市第一中学 WY

活动设计【135】给生命设限

【活动目的】

学会珍惜生命,热爱生活,对自己的人生发展方向和重点有一个较为全面的认识。

【活动步骤】

1. 游戏准备:下面请各小组组长上台为每位小组成员领取一张"生命清单"表,并将自己的名字填入"生命清单"前的空白处,在末尾填写好日期。

```
_____生命清单
第1条:
第2条:
第3条:
第4条:
第5条:
第6条:
第7条:
第8条:
第9条:
第10条:
                                             年  月  日
```

2. 教师引导：假使现在你的生命只剩下10年的时间，你会如何度过呢？也许在写的过程中很多同学内心都会感到一些痛苦，不过请你还是继续给自己拟定一张生命清单，因为有这样一个痛苦的内心体验，正说明你在乎自己的生命，你不愿意随便完成这个互动游戏。计划不限，可以是1条，也可以是10条，随心所想，写下即可，越具体越好。

3. 组内讨论：

● 小组长首先在组内分享自己的"生命清单"。

● 小组成员在组内依次分享自己的生命清单。

● 小组成员讨论并总结3条以上活动感悟。

● 每组选定一位同学上台分享小组感悟。

4. 集体分享：

● 请每个小组发言的同学依次上台分享小组感悟。

● 每位同学分享完毕，全班同学应鼓掌感谢。

【注意事项】

● 确保每个小组成员都积极参与到活动中。

- 对于个别同学对活动的抵触应及时化解，正确引导。
- 告诉学生们，活动只是设想，每个人都应该珍惜生命、热爱生活。

【课后拾遗】

- 考上一所理想的大学。
- 大学毕业后到国外去留学。
- 在竹林里一个人拉琴。
- 带爸妈出国旅游，为他们做一切我能做到的。
- 学习做菜，给爸妈做可口的饭菜。
- 和爸妈天天生活在一起。
- 独自一人去巴黎。
- 养许许多多的流浪狗。
- 写一本小说。
- 写一首自己的歌。

——贵州省贵阳市第一中学　YWR

活动设计【136】拍掌定目标

【活动目的】

体验定目标的重要性，懂得如何设定一个适合自己的具有可操作性的目标。

【活动步骤】

1. 教师宣布游戏规则：

（1）没有老师指令，不能随便拍掌。

（2）拍掌过程中，不能说话和讨论。

（3）教师指令开始，学生马上拍掌，指令结束，学生马上停止拍掌。

2. 教师发出指令："请同学们拍掌"。事前不要告诉学生要计数，也不要让学生看到秒表，就让他们随便拍。10秒钟后请学生汇报自己拍了多少下。

3. 让学生在脑海中试想10秒钟能拍多少下，把数字写在本子上。

4. 教师计时，学生拍掌，数数10秒钟拍了多少下，把数字记在本子上。

5. 让学生再定一个目标，预计10秒钟能拍多少下，把数字写在本子上。

6. 教师计时，学生拍掌，数数10秒钟拍了多少下，把数字记在本子上。

7. 要求学生再定一个目标，估计10秒钟最多能拍多少下，鼓励已经达到上一个目标的学生增加难度，挑战自己的极限。建议离上一个目标还有很大距离的学生可适当降低标准，把目标数写在本子上。

8. 教师计时，学生拍掌，数数10秒钟拍了多少下，把数字记在本子上。

9. 小组讨论：
- 第一次老师没有要求拍多少下的时候，你是怎么表现的？
- 你几次定的目标有什么变化？
- 当你第一次定的目标太高，很难达到的时候你有什么感受？随后你是如何调整目标的？
- 当你"实际拍掌次数"远远超过"目标"的时候，你的心情如何？
- 由刚才的活动你想到了什么？

10. 集体分享：通过这个游戏，你觉得我们定目标的时候要注意些什么？

【注意事项】

- 积极鼓励所有同学认真参与。
- 对已经玩过游戏的同学，要提醒其不要"剧透"。

【课后拾遗】

嗯……实际我每一次拍掌数都比目标要高,因为我的想法是一定要超过目标。做人一定要做一个目标远大的人。不要一次就给自己定太大的目标,不要天马行空,光说却达不到目标,人要一点一点进步,才会越来越成功!不要因为自己前一次做到很好,后一个目标就定得非常大,可以适当地增加,以激发自己的潜能!

——广东省东莞市石龙第三中学　HXR

活动设计【137】巧妙穿针线

【活动目的】

通过活动了解自己的归因方式,认识到不合理归因对自己造成的影响。

【活动步骤】

1. 教师宣布游戏规则:

   (1) 将全班分为若干组,每组6人。每一组选好1名组员拿针,其他5人拿线。

   (2) 拿线的同学必须在5秒钟之内把线从针眼穿过去,穿线成功者即为成功。5个人依次轮完为止。

   (3) 如果已有线穿过去的,则再换另一枚针。

   (4) 没有轮到穿线的组员负责喊"5、4、3、2、1",计时。

   (5) 计时开始前二人的手都要放下,计时开始后拿针和穿线的同学才能举手开始,计时结束时拿针的同学必须放下手。

2. 活动开始,小组内5个人轮完,游戏结束。

3. 小组讨论:

- 活动的结果和你预料的是否相同？为什么？
- 你们组有几个人成功地把线穿过去了？成功的原因是什么？

4. 归因自查：

> 我学习、考试成绩不理想，是因为：
> 1. 家中没有人指导我解答疑难作业。……………………（ ）
> 2. 我不喜欢任课教师。……………………………………（ ）
> 3. 学习科目过于枯燥。……………………………………（ ）
> 4. 平时养成了懒散的习惯，不愿学习。…………………（ ）
> 5. 家里环境差，没法学习。………………………………（ ）
> 6. 我没有找到有效的学习方法。…………………………（ ）
> 7. 父母不关心我的学习。…………………………………（ ）
> 8. 我对学习缺乏恒心和毅力。……………………………（ ）
> 9. 班级学习风气不好。……………………………………（ ）
> 10. 我不会妥善安排学习时间。……………………………（ ）
> 11. 学校令人讨厌。…………………………………………（ ）
> 12. 我学习基础不好，跟不上。……………………………（ ）
> 13. 老师的教学方法不适合我。……………………………（ ）
> 14. 我自己努力不够。………………………………………（ ）
> 15. 运气不好，复习的内容总是不考。……………………（ ）
> 16. 身体不佳，无法集中精力学习。………………………（ ）
> 17. 考题总是太难。…………………………………………（ ）
> 18. 我对学习没有兴趣。……………………………………（ ）
> 19. 情绪不稳，常被无端的情绪干扰。……………………（ ）
> 20. 本身能力不够，根本不是学习的材料。………………（ ）
> 影响我学习的五个重要因素依次为：＿＿、＿＿、＿＿、＿＿、＿＿。

集体分享：对于这次活动的成功与失败你是怎样归因的？

【注意事项】

- 确保竞赛同时开始、同时结束。
- 填写归因问卷时教师要认真宣读指导语。
- 发现典型案例要进行交流和重点提问。

【课后拾遗】

我是个比较自卑的人，每次考试或做事失败后我都觉得自己脑子没有别人聪明，能力没人家强，所以我越来越自卑。但今天这个穿针引线的活动让我明白：一个人的成功与失败要从能力、努力、任务难度、运气这些方面去归因，才有助于提高自信，激发自己的潜能。

——广东省韶关市翁源中学 HJL

活动设计【138】 十年后的我

【活动目的】

通过设计10年后自己的"个性名片"，为自己设立奋斗目标，并思考实现目标的途径和方法。

【活动步骤】

1. 老师宣布游戏规则：请根据自己的实际情况，规划自己的未来，设计一张属于自己的独特名片。设想现在是10年后，请你给大家介绍一下这10年来你在学业上、事业上和家庭方面都发生了哪些变化，你取得了哪些成就，是如何取得的。注意要切合自己的实际情况，不要空想、妄想，并尽量具体明确，不要过于空泛。

2. 设计未来：想象10年后的你的学业、事业和家庭的情况，完成"十年后的我"表格。

```
┌─────────────────────────────────────────────────────────┐
│              10 年（20____年）后的我                     │
│   姓    名：_____，年    龄：_____。          │
│   职    业：_____。（可能情况）            │
│   职    位：_____。（可能情况）            │
│   毕业院系：_____。（可能情况）            │
│   所学专业：_____。（可能情况）            │
│   所在城市：_____。（可能情况）            │
│   工作收入：_____。（可能情况）            │
│   工作业绩：_____。（可能情况）            │
│   婚姻情况：_____。（可能情况）            │
│   子女情况：_____。（可能情况）            │
│   住房状况：_____。（可能情况）            │
│   私家车状况：_____。（可能情况）            │
│   10年中最大的收获：_____。        │
│   10年中最大的遗憾：_____。        │
│   10年中如何奋斗的？_____。        │
└─────────────────────────────────────────────────────────┘
```

　　　　　　　　　　　　　　　　　签　名：

　　　　　　　　　　　　　　　　　填写日期：

3. 小组交流：同桌之间交换表格，并讨论。

● 我设想的这个未来能够实现吗？

● 还需要做哪方面的修改？

● 怎样才能实现我对未来的这个设计呢？

● 在讨论的基础上修改自己的设想，并据此为自己设计一张独特的名片。

● 假如现在就是10年后，我们再次相聚，请给大家发一张你的名片。

4. 集体分享：

(1) 你设想的未来和现实之间有差距吗？

(2) 如何缩短这个差距，实现理想？

(3) 看着你为自己设计的名片，你有什么感想？

(4) 这次生涯规划活动，你有什么收获？

【注意事项】

- 鼓励学生从实际出发为自己制定合理目标。
- 要让学生懂得行动比目标更重要。
- 可以让学生将自己设计的名片贴在墙上。

【课后拾遗】

　　从小到大，父母总是不停地告诫我要"努力学习，争取考上大学"，但对于考上大学后干什么，他们没说过，我也没想过。今天这节课让我明白了，成功的人士首先要为自己制定一个远大的理想，"没有目标而生活，恰如没有罗盘而航行"。10年，是人生中短暂的一段旅程，但也是实现理想的关键时期。为了在10年后能给大家一张"不逊"的名片，我要从现在开始行动起来，为10年后成为外交官而奋斗。

——陕西省西安市蓝田县城关中学　WW

活动设计【139】时间规划师

【活动目的】

激发学生时间管理的动机，形成珍惜时间、科学管理时间的生活学习态度。

【活动步骤】

1. 时间战略：这里有一个表格，向我们呈现了划分事项的几个维度。

	迫切的	不是迫切的
重要的	象限 1	象限 2
不重要的	象限 3	象限 4

第一象限中，列出重要而急迫的事项，这些是最优先要做的事情。例如：你必须送某人去医院。列在第一象限的事是不论时间或精力都是有压力的。

第二象限中，列出重要但不紧急的事项，这是第二顺位的事项。第二象限的事应集中注意力与努力，如此一来可预防很多事项成为第一象限的紧急事件。所以第二象限的事最有生产力且让时间最有效率。

第三象限中，列出不重要，但别人可能觉得很迫切的事项。如一位朋友因某事希望你立刻回电，实际上那件事可以等几天再处理。

第四象限中的活动是不重要又不急迫的事项，是你觉得浪费时间的事，如发呆；但也许这些你觉得应该减免的活动也是有用的，像某些娱乐。

2. 活动归类：将以下的活动归类到以上四个象限中。

- 你明天要交英文课报告，但你还没开始做。　　　　　　　　　〔　〕
- 下周历史课要交的作业，你已经完成了一半。　　　　　　　　〔　〕
- 好朋友想约你这几天去看一部他很想看的电影，请你马上回电。〔　〕
- 你已准备好周五的数学测验，但你想在测验前再复习一遍笔记。〔　〕
- 你的朋友想请你参加一个演唱会，但你一点都没兴趣。　　　　〔　〕
- 即使你明天有考试，你还是想看好几个小时的电视。　　　　　〔　〕

3. 一日清单：

请在"我的一日活动清单"中列出今天要完成的事项清单。

我的一日活动清单		
	迫切的	不是迫切的
重要的		
不重要的		

4.分享感受：找一些同学来分享他们的"我的一日活动清单"。

【注意事项】

- 活动后一定要鼓励学生分享活动感受。
- 通常会看到有些学生的计划清单里全是学习，而教师要让学生看到生活的丰富性。
- 要引导学生认真思考、认真写、认真反思。

【课后拾遗】

生活需要计划。人性化的计划更符合实际情况，会让计划更有可能实现；开放性的计划，能够使我们更有弹性地处理计划之外的变化。我们应珍惜生命中的每一分、每一秒，并且认真安排、努力执行。所谓认真安排，即要有轻重缓急之分；所谓努力执行，即要时刻明了时间的珍贵！

——江苏省南京市第十三中学 SYF

活动设计【140】五只毛毛虫

【活动目的】

培养学生客观认识自我、有效评估社会的能力，并学会调整自己的目标，达到对生涯规划中目标的重要意义的认识。

【活动步骤】

1.欣赏故事：分别请五位同学依次朗读五只毛毛虫的故事，每位同学朗读一只毛毛虫的故事即可。

第一只毛毛虫

第一只毛毛虫，有一天爬呀爬呀爬山过河，终于来到一棵苹果树下。它并不知道这是一棵苹果树，也不知树上长满了红红的苹果。当它看到同伴们往上爬时，不知所以地就跟着往上爬，没有目的，不知终点，它的最后结局呢？也许找到了大苹果，幸福地过了一生；也可能在树叶中迷了路，颠沛流离糊涂一生。不过可以确定的是，大部分的毛毛虫都是这样活着的，不去烦恼什么是生命的意义，倒也轻松许多。

第二只毛毛虫

有一天，第二只毛毛虫也爬到了苹果树下。它知道这是一棵苹果树，也确定它的"虫生目标"就是找到一棵大苹果树。问题是……它并不知道大苹果会长在什么地方。但它猜想：大苹果应该长在大枝叶上吧！于是它就慢慢地往上爬，遇到分权的时候，就选择较粗的树枝继续爬。当然在这个毛虫社会中，也存在考试制度，如果有许多虫同时选择同一根树枝，要举行考试来决定谁才有资格通过。幸运的是这只毛毛虫一路过关斩将，每次都能如愿地爬上最好的树枝，最后它从名为"大学"的树枝上找到了一只大苹果。不过它发现这只大苹果并不是树上最大的，顶多只能算是局部最大，因为在它的上面还有一只更大的苹果，号称"老板"。

第三只毛毛虫

接着，第三只毛毛虫也来到了树下。这只毛毛虫相当难得，小小年纪，却自己研制了一副望远镜。在还未开始爬时，就先利用望远镜搜寻一番，找到了一只超大苹果。同时，它发觉当从下往上找路时，会遇到很多分权，有各种不同的爬法；但若从上往下找路时，却只有一种爬法。它很细心地从苹果的位置，由上往下反推至目前所处的位置，记下这条确定的路径。于是，它开始往上爬了，当遇到分权时，它一点也不慌张，因为它知道该往哪条路走，不必跟着一大堆毛毛虫去挤破头。譬如说，如果它的目标是一只名叫"教授"的苹果，那就应该爬"深造"这条路；如果目标是"董事长"，那就应该爬"创业"这条路；若目标是"政客"，也许早就该爬"厚黑之道"这条路了。最后，这只毛毛虫应该会有一个很好的结局，因为它已具备了"先觉"的条件了。但因为毛毛虫的爬行相当缓慢,从预定苹果到到达,需要很长一段时间。当它到达时,也许苹果已被别的虫捷足先登,也许苹果已熟透而烂掉了……

第四只毛毛虫

第四只毛毛虫可不是一只普通的虫,它具有先知先觉的能力。它不仅先觉——知道自己需要何种苹果,更先知——知道未来苹果将如何成长。它的目标并不是一只大苹果,而是一朵含苞待放的苹果花。它计算着自己的行程,并估计当它抵达时,这朵花正好长成一只成熟的大苹果,而且它将是第一个钻入苹果大快朵颐的虫。果不其然,它获得了应得的,从此过着幸福快乐的日子。

第五只毛毛虫

第五只毛毛虫到底怎么了?其实它什么也没做,就在树下躺着纳凉,而一只只大苹果就从天而降落在它的身边。因为树上某一大片树枝早就被它的家族占领了。它的爷爷、爸爸、哥哥们盘据在某一树干上,禁止他虫进入。然后在苹果成熟时,就一只只丢给底下的子孙们。

2. 小组讨论:通过毛毛虫,我们来反观自己。小组讨论、分享以下三个问题:

- 这五只毛毛虫有什么不同?
- 你是哪一只毛毛虫?
- 你打算做怎样的改变?

3. 活动分享:请每个小组派一名同学上台分享收获与感悟。

【注意事项】

- 教师应通过口述让学生了解故事的梗概。
- 故事分享时可以选取一些舒缓的背景音乐营造氛围。
- 引导学生制定适合自己的、具体的、可以实现的目标。

【课后拾遗】

我希望自己是第四只毛毛虫，它不仅知道自己想要什么，也知道如何去得到自己的苹果以及得到苹果需要什么条件，然后制订清晰实际的计划，一步步实现自己的理想。

——贵州省清镇市第一中学　LXZ

活动设计【141】现代鲁宾逊

【活动目的】

- 了解霍兰德职业分类，了解六种兴趣类型的主要特征。
- 通过活动，学生对自己的兴趣进行探索，并在今后的学习、生活中不断观察和反思，从而能够较为正确地认识和评估自己的兴趣。

【活动步骤】

1. 宣读导语：

假设在度假的途中，你乘坐的轮船突然发生了意外故障，必须紧急靠岸。这时候，轮船正好处于下列6个岛屿的中间，你希望选择哪一个岛屿靠岸？要知道，这些岛屿只能通过轮船与外界联系。而由于天气原因，今后至少半年内船只都无法出航，而且你还要等待境外的轮船运送人员和器材来维修你所乘坐的轮船。因此一旦靠岸，你可能需要在这个岛上待很长一段时间（至少一年）。请按顺序挑出3个岛屿。

R岛：自然原始的岛屿

岛上保留有原始森林，自然生态保持得很好，有各种各样的野生动物。岛上居民生活状态还相当原始，他们以手工见长，自己种植花果蔬菜、修缮房屋、打造器物、制作工具，喜欢户外运动。

I岛：深思冥想的岛屿

岛上人迹较少，平畴绿野，适合夜观星象。岛上有多处天文馆、科技馆、图书馆等。岛上居民喜好观察、学习、探究、分析，崇尚和追求真知，常有机会和来自各地的哲学家、科学家、心理学家等交换心得。

A岛：美丽浪漫的岛屿

岛上充满了美术馆、音乐厅，街头雕塑和街边艺人，弥漫着浓厚的艺术文化气息。当地的居民很有艺术、创新和直觉能力，他们保留了传统的舞蹈、音乐与绘画，许多文艺界的朋友都喜欢来这里找寻灵感。

S岛：友善亲切的岛屿

岛上居民个性温和、十分友善、乐于助人，社区自成一个密切互动的服务网络，人们重视互助合作，重视教育，关怀他人，充满人文气息。

E岛：显赫富庶的岛屿

岛上居民善于经营企业和进行贸易，能言善道，以口才见长。岛上经济发达，处处高级饭店、高尔夫球场。来者多是企业家、经理人、政治家、律师等，曾数次在这里召开财富论坛和其他行业巅峰会议。

> **C岛：现代、井然的岛屿**
>
> 　　岛上建筑十分现代化，是进步的都市形态，以完善的户政管理、地政管理、金融管理见长。岛民个性冷静保守，处事有条不紊，善于组织规划，细心高效。

2. 典型分享：选择同一岛屿的学生请到对应字母的位置进行交流，讨论以下问题：

（1）你为什么选择这个岛屿？

（2）你会用什么词语来形容这个岛屿的生活？

（3）请你为这个岛屿设计一个宣传LOGO。

3. 小组交流：

● 根据交流给自己的小组命名并选取一个标志物，在大白纸上制作一张本小组的宣传图，并张贴在墙上。

● 全体同学按各自的第二顺序选择到相应的岛屿进行交流。

● 每个小组请一位代表解说自己小组的标志图，并分享自己小组成员共同的特点，从而总结出6个职业类型最突出的特点。

4. 教师总结：

刚才大家进行的是霍兰德的职业兴趣岛屿测验，R岛的职业兴趣类型是实用型，I岛是研究型，A岛是艺术型，S岛是社会型，E岛是企业型，C岛是事务型。有些人会认为没有哪个岛能满足他，有人会认为这个岛能满足他大部分需求。但如果把握了自己擅长的领域，就很容易扩散到你感兴趣的领域。做完这个游戏，无论你对未来更清晰也好，更困惑也好，都意味着一个探索的开始！

六个职业兴趣特点：

实用型：(R)

共同特点：愿意使用工具从事操作性工作，动手能力强，做事手脚灵活，动作协调。偏好于具体任务，不善言辞，做事保守，较为谦虚。缺乏社交能力，通常喜欢独立做事。

研究型：(I)

共同特点：思想家而非实干家，抽象思维能力强，求知欲强，肯动脑，善思考，不愿动手。喜欢独立的和富有创造性的工作。知识渊博，有学识才能，不善于领导他人。考虑问题理性，做事喜欢精确，喜欢逻辑分析和推理，不断探讨未知的领域。

艺术型：(A)

共同特点：有创造力，乐于创造新颖、与众不同的成果，渴望表现自己的个性，实现自身的价值。做事理想化，追求完美，不重实际。具有一定的艺术才能和个性。善于表达、怀旧、心态较为复杂。

社会型：(S)

共同特点：喜欢与人交往、不断结交新的朋友、善言谈、愿意教导别人。关心社会问题、渴望发挥自己的社会作用。寻求广泛的人际关系，比较看重社会义务和社会道德。

企业型：(E)

共同特点：追求权力、权威和物质财富，具有领导才能。喜欢竞争、敢冒风险、有野心、抱负。为人务实，习惯以利益得失、权利、地位、金钱等来衡量做事的价值，做事有较强的目的性。

事务型：(C)

共同特点：尊重权威和规章制度，喜欢按计划办事、细心、有条理，习惯接受他人的指挥和领导，自己不谋求领导职务。喜欢关注实际和细节情况，通常较为谨慎和保守，缺乏创造性，不喜欢冒险和竞争，富有自我牺牲精神。

【注意事项】

- 对每个人的职业理想都应持鼓励态度。
- 避免有同学因为选择普通职业而被嘲笑。

【课后拾遗】

小游戏，大方向，让都市丛林中的"鲁宾逊"们少一些迷惘，多一点从容。奇妙的6个岛屿让我知道了自己的职业倾向，让S型的我更坚定地向教育工作方向努力。

——福建省厦门理工学院附属中学　LIY

活动设计【142】前后十年我

【活动目的】

学生回顾和感受过去10年来自己的成长与变化，理解10年可以做很多事情，并设想和确定10年后的人生目标。

【活动步骤】

1. 10年变化：请同学们拿出自己10年前的相片，看看目前的自己，想一想这10年以来，你发生了哪些变化。这些变化既有身体外貌上的，也有心智内在方面的，还有性格、学业成绩等方面……先在小组里交流，然后将自己各方面的变化写下来。

2. 小组交流：每组选择愿意交流的2～3名学生与大家分享10年来自己的变化。

3. 放松冥想：

刚才大家都回顾了10年前的自己，现在让我们一起放松一下。请大家闭上眼睛，以自己感觉最舒服的姿势坐好。(播放放松的背景音乐，通过语言引导学生进行放松冥想) 好，现在深深地吸气，慢慢地呼气。再来一遍，深深地吸气，慢慢地呼气，重复一遍，深深地吸气，慢慢地呼气。春天来了，一片鸟语花香，你静静地躺在绿油油的草地上，心情舒适而愉快地享受春天带给你的欢乐与愉悦，你觉得舒服极了。接下来，让我们搭乘时光机来到10年后的世界，10年后你在哪里？（停顿片刻）在做什么？（停顿片刻）身旁有人吗？（停顿片刻）那是谁？（停顿片刻）这个人对你来说重要吗？想一想，10年之后你的生活是怎么样的？（停顿片刻）想要达到的目标是什么？你将怎样达到你的目标？再仔细想一想，一定要想清楚，越清晰越好，越具体越好。（停顿片刻）好，接下来，我们要搭乘时光机回到现在哦！数到三将你的眼睛张开，一，二，三。

4、交流简介卡：

10年后的我	
姓名	
年龄	
毕业院校	
职业	
职位	
月收入	
业绩	
工作地点	
居住地	
居住情况	
婚姻情况	
私家车情况	
积蓄情况	
比10年前的自己进步的方面	
比10年前的自己退步的方面	
自己感到现在最满意的地方	
这10年来是如何努力的	
填写注意事项： (1) 从现在的实际情况出发去设想未来，不要让这个设想变成空想； (2) 设想尽量具体，不要过于空泛； (3) 想清楚要达到你所设想的10年后的自己，这10年你需要做什么、怎么做。	

5. 集体分享：学生小组交流后，选择代表分别进行交流。在交流过程中，模拟现在是10年后的聚会，大家谈自己的现状，重点是如何为实现这些目标而努力，怎样达到这些目标，以及采取怎样的行动方案、自己为克服困难做了哪些努力等。

【注意事项】

- 注意引导学生制定适合自己的、具体的、能够实现的目标。
- 让学生在舒缓的音乐中设想10年后的自己。
- 鼓励学生把自己的简介卡保存起来。

【课后拾遗】

　　对比10年前，我感到自己变化真是太大了，不仅个子长高了，更主要的是我掌握了更多的知识，懂得了人生的很多道理。对10年后的未来设想，使我更进一步明确了努力方向，我要加强行动力，每天进步一点点。

——广西民族中等专业学校　HHJ

附录一　心理活动反馈调查表（一）

指导语：这是一份关于班级团体心理活动的匿名调查问卷，所有题目的答案没有正确、错误之分，请如实回答。回答时用笔在序号上直接打"√"即可，如果遇到有横线的地方，请尽可能真实具体地填写答案。

1. 这次心理活动的主题是：

2. 你认为这次活动效果如何？
   A. 非常好　　B. 好　　　C. 一般
   D. 不好　　　E. 非常不好

3. 你喜欢活动中的哪种互动形式？
   A. 个人游戏　B. 团队游戏
   C. 集体交流　D. 个人分享
   E. 老师讲演　F. 其他

4. 你是否喜欢参加团体心理辅导？
   A. 非常喜欢　B. 喜欢　　C. 一般
   D. 不喜欢　　E. 非常不喜欢

5. 本次活动帮助你解决了一些问题吗？
   A. 非常有效　B. 有效果　C. 一般
   D. 没有效果　E. 非常没有效果

6. 你认为自己还有哪些方面需要提升？
   A. 自我认识　B. 人际交往
   C. 目标规划　D. 学习应试
   E. 时间管理　F. 自我调节
   G. 团队合作　H. 其他 _____

7. 你还希望参加以下哪些团体辅导？
   A. 自我认识　B. 人际交往
   C. 目标规划　D. 学习应试
   E. 时间管理　F. 自我调节
   G. 团队合作　H. 其他 _____

8. 你担心活动时自己的隐私被别人知道吗？
   A. 非常担心　B. 有些担心　C. 一般
   D. 不担心　　E. 非常担心

9. 你对本次活动有何感悟？

10. 你认为本次活动有何不足？

11. 你对以后的活动有何建议？

填表日期：　　年　　月　　日

附录二　心理活动反馈调查表（二）

指导语：这是一份关于班级团体心理活动的匿名调查问卷，所有题目的答案没有正确、错误之分，请如实回答。大部分问题的可选答案为数字1、2、3、4、5，回答时用笔在序数上直接打"√"即可。

5代表非常认可；4代表比较认可；3代表一般认可；2代表比较不认可；1代表非常不认可。

问题	选项
1、你认为活动目标的明确性____	5　4　3　2　1
2、你认为活动形式的科学性____	5　4　3　2　1
3、你认为活动内容的实用性____	5　4　3　2　1
4、你对活动内容的记忆程度____	5　4　3　2　1
5、你认为活动的难易程度____	5　4　3　2　1
6、你认为活动内容满足你需求的程度____	5　4　3　2　1
7、你认为带领老师的专业能力____	5　4　3　2　1
8、你认为带领老师的活动准备情况____	5　4　3　2　1
9、你认为带领老师的活动带领技巧____	5　4　3　2　1
10、你认为带领老师的活动进展速度____	5　4　3　2　1
11、你认为带领老师对学员状态的把握____	5　4　3　2　1
12、你认为带领老师维持学生兴趣的能力____	5　4　3　2　1
13、你认为带领老师指导学生讨论的能力____	5　4　3　2　1
14、你对本次活动选题的感兴趣程度____	5　4　3　2　1
15、你对下次活动的期望程度____	5　4　3　2　1
16、你认为活动效果与您的预期相比____	5　4　3　2　1
17、你对本次活动的综合评价____	5　4　3　2　1

填写时间：　　年　　月　　日

附录三 活动物资一览表

章节	活动名称	分组	活动器材
第一章 热身破冰类	活动设计【1】超级进化论	全班，分成4组	无
	活动设计【2】大风小风吹	全班，无须分组	口哨1只
	活动设计【3】大树与松鼠	全班，分成3人小组	秒表1个
	活动设计【4】大一小西瓜	全班，分成6~8人小组	无
	活动设计【5】耳朵和鼻子	全班，分成6~8人小组	无
	活动设计【6】哼哈请接招	全班，分成6~8人小组	无
	活动设计【7】反应一二三	全班，分成2人小组	无
	活动设计【8】快乐抓快乐	全班，分成6~8人小组	无
	活动设计【9】马兰花儿开	全班，无须分组	小鼓1面
	活动设计【10】拍七看反应	全班，分成6~8人小组	无
	活动设计【11】人际大富翁	全班，无须分组	骰子、动作卡片
	活动设计【12】唐老鸭送信	全班，分成6~8人小组	扑克牌1副
	活动设计【13】桃花朵朵开	全班，无须分组	无
	活动设计【14】外星人来啦	全班，无须分组	充气塑料棒若干
	活动设计【15】无敌大名串	全班，分成6~8人小组	无
	活动设计【16】五毛和一块	全班，无须分组	无
	活动设计【17】小青蛙跳水	全班，分成6~8人小组	无
	活动设计【18】学唱小白兔	全班，分成6~8人小组	无
	活动设计【19】雨点变奏曲	全班，无须分组	无
	活动设计【20】掌声响起来	全班，无须分组	每人记录表1张、笔1只、秒表1个

续表

章节	活动名称	分组	活动器材
第二章 小组形成类	活动设计【21】穿越生死网	全班，分成6~8人小组	50米绳子、相隔4~5米树2棵、秒表1个、计分板1块、笔1支
	活动设计【22】独特小组秀	全班，分成6~8人小组	每组粗线笔1支、每组A3纸2张
	活动设计【23】结缘大拼图	全班，分成6~8人小组	每组拼图、彩纸、中性笔各1样
	活动设计【24】扑克有乾坤	全班，分成6~8人小组	每人笔1支、扑克1张、每组彩纸1张
	活动设计【25】巧接生日龙	全班，分成6~8人小组	每组彩纸1张、中性笔若干支
	活动设计【26】图画接力赛	全班，分成6~8人小组	每组0号图画纸1张、彩笔1套、胶带1卷、笔1支
	活动设计【27】兴趣大集合	全班，分成6~8人小组	每人水彩笔1支、表格1张
	活动设计【28】有缘结同心	全班，分成6~8人小组	每组拼图若干、纸箱1个、A4纸若干、彩笔1盒、签字笔1支
	活动设计【29】万能分组法	全班，分成6~8人小组	每人分组小纸条1张
第三章 团队建设类	活动设计【30】超级链链接	全班，分成6~8人小组	无
	活动设计【31】打开千千结	全班，分成6~8人小组	每组"活动后感想"表格1张、笔1支
	活动设计【32】领袖的风采	全班，分成2个小组	音乐、音响设备、扩音器、面巾纸、秒表、白板、白板笔各1样
	活动设计【33】构筑友谊家	全班，分成6~8人小组	无
	活动设计【34】融化的冰盖	全班，分成16~18人小组	每组四开报纸8张、秒表1个、笔1支、A4纸1张
	活动设计【35】突围与闯关	全班，分成8~10人小组	无
	活动设计【36】风中显劲草	全班，分成6~8人小组	每组眼罩1个、小组号牌1块、笔1支、0.8米×0.2米绳子1根
	活动设计【37】我们可信赖	全班，分成9人小组	每组海绵垫1张
	活动设计【38】无敌风火轮	全班，分成6~8人小组	每组大报纸50张、宽胶带1卷
	活动设计【39】勇冲地雷阵	全班，分成8~10人小组	每人眼罩1个、水瓶10个、秒表1只、白板1面、白板笔1支

续表

章节	活动名称	分组	活动器材
第四章 环境适应类	活动设计【40】个性小名片	全班，分成6~8人小组	N次贴每人2张、彩色笔每组1套
	活动设计【41】归宿在哪里	全班，分成6~8人小组	轻音乐、自制12星座面具1副
	活动设计【42】适应新校园	全班，分成6~8人小组	每小彩色笔1套、便贴纸1碟、广告纸1张、拼图1幅
	活动设计【43】搜索大行动	全班，分成8~10人小组	每组"物品清单""统计表"各1张
	活动设计【44】投球与定位	全班，分成6~8人小组	纸篓、乒乓球、记录用笔和纸若干
	活动设计【45】蜈蚣大翻身	全班，分成15人左右小组	秒表1块
	活动设计【46】有缘来相会	全班，分成6~8人小组	方形纸片、背景音乐若干
	活动设计【47】一起找朋友	全班，分成6~8人小组	每人1张"信息表""总结表"
	活动设计【48】障碍在哪里	全班，分成6~8人小组	2米长绳子1根、凳子2张、眼罩布每组1只
第五章 认识自我类	活动设计【49】背后悄悄话	全班，分成6~8人小组	每人16K纸1张、大头针1枚、每组剪刀1把、背景音乐
	活动设计【50】接纳我自己	全班，分成6~8人小组	每人笔1支、A4纸、歌曲《爱自己》
	活动设计【51】消失的自我	全班，分成8~9人小组	无
	活动设计【52】个性名片秀	全班，分成8~9人小组	每人白纸1张、彩笔1盒
	活动设计【53】人生拍卖会	全班，分成6~8人小组	每组号牌1块、笔1支
	活动设计【54】神奇的气质	全班，分成6~8人小组	海报、气质特征卡若干、笔1支
	活动设计【55】神奇漂流纸	全班，分成6~8人小组	每人A4纸1张、彩笔1支、背景音乐
	活动设计【56】探看我心房	全班，分成6~8人小组	每人A4作业纸1张、彩笔1盒
	活动设计【57】我的个性表	全班，分成6~8人小组	每人笔1支、特征表1份、记录表1份
	活动设计【58】我的自画像	全班，分成6~8人小组	每人A4纸1张、粉笔1支、每组彩笔1盒
	活动设计【59】我选我喜欢	全班，分成6~8人小组	每人"购物清单"1张、"自我分析表"1张、笔1支
	活动设计【60】我这个橘子	全班，分成6~8人小组	每人橘子1个
	活动设计【61】寻我我自己	全班，分成6~8人小组	卡通纸、白纸若干、纸箱1个、胶水1瓶、胶带1卷
	活动设计【62】站队识性格	全班	动物图片、纸、笔若干

续表

章节	活动名称	分组	活动器材
第六章 助人自助类	活动设计【63】不倒的森林	全班，分成8~9人小组	每人0.8m×10mmPVC管1根、每组秒表1块
	活动设计【64】共划友谊船	全班，分成8~9人小组	每人扑克1张、每组彩纸1张
	活动设计【65】合力吹气球	全班，分成6~8人小组	每组气球若干、纸条5张、哨子1个
	活动设计【66】集体俯卧撑	全班，分成6~8人小组	秒表1只
	活动设计【67】盲人一起走	全班，分成6~8人小组	每组眼罩1只、秒表1只、号牌1块,1.5米绳子4～6根、水瓶若干
	活动设计【68】盲哑人排队	全班，分成8~9人小组	眼罩每人1个、卡片30张
	活动设计【69】能量传送带	全班，分成6~8人小组	彩带2条
	活动设计【70】一起坐人椅	全班，分成男女生各1组	秒表2只
	活动设计【71】啄木鸟行动	全班，分成10人小组	每人吸管1根、每组秒表1个、纸盒2个、橡皮筋1根、号牌1块
	活动设计【72】坐地与起身	全班，分成6人小组	秒表1只、粉笔1盒
第七章 人际交往类	活动设计【73】复制不走样	全班，分成6~8人小组	每组笔1支、纸1张、信封1个
	活动设计【74】词汇大接龙	全班，分成8~9人小组	每人笔1支、纸1张
	活动设计【75】盲人信任走	全班，分成15人小组	盲行道路、眼罩每人1个
	活动设计【76】你是我朋友	全班	将方形卡纸剪成四小块，每人1块
	活动设计【77】平地起高塔	全班，分成6~8人小组	每组报纸10张、胶带1卷、胶水1瓶、小刀1把
	活动设计【78】倾听小练习	全班，分成6~8人小组	无
	活动设计【79】新流言蜚语	全班，分成6个小组	计时器1个、传话白纸每组1张
	活动设计【80】一路上有你	全班，分成6~8人小组	每组白纸1张、笔1支
	活动设计【81】勇于担责任	全班，分成4人小组	每组筷子2根
	活动设计【82】蒙眼走方阵	全班，分成6~8人小组	每人眼罩1副、每组长绳1根

附录三 活动物资一览表　287

续表

章节	活动名称	分组	活动器材
第八章 树立自信类	活动设计【83】超级比长短	全班，分成6~8人小组	每组软尺1个、笔1支
	活动设计【84】画朵自信花	全班，分成8~9人小组	每人A4纸1张、每组彩笔1盒、双面胶1卷
	活动设计【85】请给我留言	全班，分成6~8人小组	每人便利贴3张、笔1支
	活动设计【86】食指的力量	全班，分成8~9人小组	每组椅子1把
	活动设计【87】收获大糖弹	全班，分成6~8人小组	每人小盒1个、便签5个、笔1支、N次贴1张，秒表每组1个
	活动设计【88】穿越障碍线	全班，分成2人小组	每人眼罩1个、4米绳3条
	活动设计【89】我的得意事	全班，分成6~8人小组	每人表格1张、笔1支
	活动设计【90】优点大轰炸	全班，分成6~8人小组	每人红笔1支、A4彩纸每组1张、贴纸若干
第九章 学法探索类	活动设计【91】自信拍拍手	全班，分成2人小组	秒表1块、每人白纸1张
	活动设计【92】换心大行动	全班，分成4人小组	每人笔1支、心形卡片1张
	活动设计【93】聚心又凝神	全班，分成6~8人小组	每人笔1支、材料纸1张
	活动设计【94】考试大赢家	全班，分成6~8人小组	每人测试纸1张
	活动设计【95】考试再认知	全班，分成6~8人小组	每人"思维替代表"1张、笔1支
	活动设计【96】提高记忆力	全班，分成6~8人小组	每人白纸3张、笔1支
	活动设计【97】挑战记忆力	全班，分成6人小组	每人白纸1张、笔1支
	活动设计【98】为自己掌舵	全班，分成6~8人小组	每人白纸1张、笔1支
	活动设计【99】学习的风格	全班，分成6~8人小组	无
第十章 生命意识类	活动设计【100】感谢有你们	全班，分成6~8人小组	每组废旧报纸1张、卡片5张
	活动设计【101】爱在手指间	全班，分成6~8人小组	每人白纸1张、笔1支
	活动设计【102】符号的旋律	全班，分成6~8人小组	无
	活动设计【103】生命玻璃杯	全班，分成6~8人小组	每组玻璃杯1只、每人卡片1张、彩笔1支
	活动设计【104】人生八宝箱	全班，分成6~8人小组	每人A4纸1张、剪刀1把
	活动设计【105】人生价值观	全班，分成2个组	每人A4纸1张
	活动设计【106】重洗命运牌	全班，分成6~8人小组	小卡片50张、盒子2个
	活动设计【107】我的生命线	全班，分成6~8人小组	每人白纸1张、每组彩笔1盒
	活动设计【108】选择生存者	全班，分成6~8人小组	每人白纸1张、情况表1张、统计表1张

续表

章节	活动名称	分组	活动器材
第十一章 创新素养类	活动设计【109】百变回形针	全班，分成6~8人小组	每组回形针20个、笔1支、A4纸1张
	活动设计【110】比比看谁高	全班，分成6~8人小组	每组吸管30支、透明胶1卷、剪刀1把、订书机1个
	活动设计【111】穿越一张纸	全班，分成6~8人小组	每人A4纸1张、每组剪刀3把
	活动设计【112】创意结绳网	全班，分成10人左右小组	每组绳子20米
	活动设计【113】创意时装秀	全班，分成6~8人小组	每组报纸20张、透明胶1卷、彩色笔1盒
	活动设计【114】接力续图画	全班，分成6~8人小组	每组水彩笔1套、A3纸1张
	活动设计【115】突破旧思维	全班，分成6~8人小组	每人白纸1张、笔1支
	活动设计【116】驿站传密信	全班，分成6~8人小组	秒表1个、纸条若干、笔若干
第十二章 情绪管理类	活动设计【117】互诉面对面	全班，分成6~8人小组	秒表1个
	活动设计【118】解压我有招	全班，分成6~8人小组	每人气球1个、线1米、瓶2个、塑料袋1个、卡片1张、笔1支
	活动设计【119】冥想的力量	全班，分成6~8人小组	音乐播放设备、四段轻音乐、每人表1张
	活动设计【120】羞愧的游戏	全班，分成6~8人小组	每人信封（装1张纸条）1个
	活动设计【121】行动大比拼	全班，分成6~8人小组	无
	活动设计【122】学做"身"呼吸	全班，分成6~8人小组	轻音乐《山溪》等
	活动设计【123】增强幸福感	全班，分成6~8人小组	投影仪1台、每人白纸1张、笔1支
	活动设计【124】突破心重围	全班，分成6~8人小组	每人A4纸2张、剪刀1把、每组纸篓1个
	活动设计【125】书本的重量	全班，分成6~8人小组	每人语文、数学教材各一本

续表

章节	活动名称	分组	活动器材
第十三章 青春探索类	活动设计【126】玻璃大鱼缸	全班，分成男女生各1组	每人笔1支、便签纸1张、筒1个
	活动设计【127】一起来约会	全班，分成6~8人小组	每人A4纸3张
	活动设计【128】E网情也深	全班，分成6~8人小组	每人A4纸1张、笔1支
	活动设计【129】爱情心配方	全班，分成6~8人小组	每人白纸1张、每组彩笔1盒、剪刀1把
	活动设计【130】七彩的自我	全班，分成6~8人小组	无
	活动设计【131】我有我风采	全班，分成6~8人小组	笔1支
	活动设计【132】勇闯地心岛	全班，分成6~8人小组	彩色纸箱1个、白纸箱1个、普通香水1瓶、每人A4彩纸1张、白色A4彩纸1张、眼罩1个
	活动设计【133】男女障碍赛	全班，分成1男1女小组	每组眼罩1只
第十四章 生涯规划类	活动设计【134】穿他鞋跑步	全班，分成6~8人小组	秒表1个
	活动设计【135】给生命设限	全班，分成6~8人小组	无
	活动设计【136】拍掌定目标	全班，分成6~8人小组	秒表1个、哨子1个
	活动设计【137】巧妙穿针线	全班，分成4~5人小组	每人针1颗、量表1张、每组针线15卷
	活动设计【138】十年后的我	全班，分成6~8人小组	每人画纸1张、每组彩笔1盒
	活动设计【139】时间规划师	全班，分成6~8人小组	无
	活动设计【140】五只毛毛虫	全班，分成6~8人小组	无
	活动设计【141】现代鲁宾逊	全班，分成6~8人小组	每人彩笔1支、签字笔1支、每组A4纸1张
	活动设计【142】前后十年我	全班，分成6~8人小组	每人自己10年前相片1张、每组笔1支、A4纸1张

附录四　活动设计者一览表

章节	活动名称	作者	工作单位	电子邮箱	校改
第一章 热身破冰类	活动设计【1】超级进化论	温 睿	江西省信丰县第二中学	34645912@qq.com	湖南怀化铁路一中 刘蓉
	活动设计【2】大风小风吹	杨海雁	浙江省温州市灵溪中学	565468821@qq.com	
	活动设计【3】大树与松鼠	何晓梅	陕西省勉县第一中学	857223587@qq.com	
	活动设计【4】大一小西瓜	徐 婕	江苏省南京市第二十九中学	1216358583@qq.com	
	活动设计【5】耳朵和鼻子	庄顺利	江苏省徐州宿羊山高级中学	113553238@qq.com	
	活动设计【6】哼哈请接招	夏晓鸥	江苏省江阴市第一中学	405141723@qq.com	
	活动设计【7】反应一二三	何晓梅	陕西省勉县第一中学	857223587@qq.com	
	活动设计【8】快乐抓快乐	夏晓鸥	江苏省江阴市第一中学	405141723@qq.com	
	活动设计【9】马兰花儿开	覃 军	湖北省宜昌市东湖高级中学	395233940@qq.com	
	活动设计【10】拍七看反应	徐小林	广东省广州市麒麟中学	491335256@qq.com	
	活动设计【11】人际大富翁	温 睿	江西省信丰县第二中学	34645912@qq.com	
	活动设计【12】唐老鸭送信	庄顺利	江苏省徐州宿羊山高级中学	113553238@qq.com	
	活动设计【13】桃花朵朵开	张金慧	广东省惠州商贸旅游职业学校	65105076@qq.com	
	活动设计【14】外星人来啦	温 睿	江西省信丰县第二中学	34645912@qq.com	

续表

章节	活动名称	作者	工作单位	电子邮箱	校改
第一章 热身破冰类	活动设计【15】无敌大名串	陈醉冰	广东省潮州高级实验学校	86664970@qq.com	湖南怀化铁路一中 刘蓉
	活动设计【16】五毛和一块	张金慧	广东省惠州商贸旅游职业学校	65105076@qq.com	
	活动设计【17】小青蛙跳水	周 红	山东省荣成市第一中学	502598189@qq.com	
	活动设计【18】学唱小白兔	陈醉冰	广东省潮州高级实验学校	86664970@qq.com	
	活动设计【19】雨点变奏曲	陈醉冰	广东省潮州高级实验学校	86664970@qq.com	
	活动设计【20】掌声响起来	喻永婷	陕西省西安市蓝田县城关中学	635575974@qq.com	
第二章 小组形成类	活动设计【21】穿越生死网	喻永婷	陕西省西安市蓝田县城关中学	34645912@qq.com	广西武鸣高中 张全亮
	活动设计【22】独特小组秀	温 睿	江西省信丰县第二中学	635575974@qq.com	
	活动设计【23】结缘大拼图	袁章奎	贵州省贵阳市第一中学	272951530@qq.com	
	活动设计【24】扑克有乾坤	何姗姗	浙江省桐乡市高级中学	348162250@qq.com	
	活动设计【25】巧接生日龙	何姗姗	浙江省桐乡市高级中学	348162250@qq.com	
	活动设计【26】图画接力赛	陶德春	江苏省南京育英外国语学校	106258403@qq.com	
	活动设计【27】兴趣大集合	王玮香	广东省韶关市翁源中学	51673543@qq.com	
	活动设计【28】有缘结同心	周 红	山东省荣成市第一中学	502598189@qq.com	
	活动设计【29】万能分组法	徐小林	广东省广州市麒麟中学	491335256@qq.com	

续表

章节	活动名称	作者	工作单位	电子邮箱	校改
第三章 团队建设类	活动设计【30】超级链链接	秦艳霄	西安交通大学附属中学	287312027@qq.com	重庆两江中学 陈晨
	活动设计【31】打开千千结	杨海雁	浙江省温州市灵溪中学	565468821@qq.com	
	活动设计【32】领袖的风采	龙卡妮	广东省惠州市博罗中学	284071707@qq.com	
	活动设计【33】构筑友谊家	叶 科	浙江省天台育青中学	350433656@qq.com	
	活动设计【34】融化的冰盖	翁星凯	福建省厦门理工学院附中	63605592@qq.com	
	活动设计【35】突围与闯关	胡金平	新疆石河子第二中学	393417502@qq.com	
	活动设计【36】风中显劲草	王建华	贵州省盘县第二中学	10357788@qq.com	
	活动设计【37】我们可信赖	何晓梅	陕西省勉县第一中学	857223587@qq.com	
	活动设计【38】无敌风火轮	张金慧	广东省惠州商贸旅游职业学校	65105076@qq.com	
	活动设计【39】勇冲地雷阵	龙卡妮	广东省惠州市博罗中学	284071707@qq.com	
第四章 环境适应类	活动设计【40】个性小名片	何晓梅	陕西省勉县第一中学	857223587@qq.com	重庆两江中学 陈晨
	活动设计【41】归宿在哪里	何晓梅	陕西省勉县第一中学	857223587@qq.com	
	活动设计【42】适应新校园	何姗姗	浙江省桐乡市高级中学	348162250@qq.com	
	活动设计【43】搜索大行动	何凤英	北京师范大学贵阳附中	534380847@qq.com	
	活动设计【44】投球与定位	周 红	山东省荣成市第一中学	502598189@qq.com	
	活动设计【45】蜈蚣大翻身	李 妮	安徽省合肥市第八中学	510094481@qq.com	
	活动设计【46】有缘来相会	王建华	贵州省盘县第二中学	10357788@qq.com	
	活动设计【47】一起找朋友	张国娣	浙江省桐乡市凤鸣高级中学	31813832@qq.com	
	活动设计【48】障碍在哪里	夏晓鸥	江苏省江阴市第一中学	405141723@qq.com	

附录四 活动设计者一览表　293

续表

章节	活动名称	作者	工作单位	电子邮箱	校改
第五章　认识自我类	活动设计【49】背后悄悄话	何晓梅	陕西省勉县第一中学	857223587@qq.com	广西南宁三中　董杨
	活动设计【50】接纳我自己	张金慧	广东省惠州商贸旅游职业学校	65105076@qq.com	
	活动设计【51】消失的自我	秦艳霄	西安交通大学附属中学	287312027@qq.com	
	活动设计【52】个性名片秀	李妮	安徽省合肥市第八中学	510094481@qq.com	
	活动设计【53】人生拍卖会	袁章奎	贵州省贵阳市第一中学	272951530@qq.com	
	活动设计【54】神奇的气质	温睿	江西省信丰县第二中学	34645912@qq.com	
	活动设计【55】神奇漂流纸	喻永婷	陕西省西安市蓝田县城关中学	635575974@qq.com	
	活动设计【56】探看我心房	程景华	江苏省曹甸高级中学	7396062@qq.com	
	活动设计【57】我的个性表	陶德春	江苏省南京育英外国语学校	106258403@qq.com	
	活动设计【58】我的自画像	李妮	安徽省合肥市第八中学	510094481@qq.com	
	活动设计【59】我选我喜欢	张国娣	浙江省桐乡市凤鸣高级中学	31813832@qq.com	
	活动设计【60】我这个橘子	吴斌	江苏省宝应县画川高级中学	707916781@qq.com	
	活动设计【61】寻找我自己	刘蓉	湖南省怀化铁路第一中学	229806349@qq.com	
	活动设计【62】站队识性格	温睿	江西省信丰县第二中学	34645912@qq.com	

续表

章节	活动名称	作者	工作单位	电子邮箱	校改
第六章 助人自助类	活动设计【63】不倒的森林	谭焙垚	广西壮族自治区邕宁高级中学	277477300@qq.com	广西南宁三中 董杨
	活动设计【64】共划友谊船	何姗姗	浙江省桐乡市高级中学	348162250@qq.com	
	活动设计【65】合力吹气球	周 红	山东省荣成市第一中学	502598189@qq.com	
	活动设计【66】集体俯卧撑	谭焙垚	广西壮族自治区邕宁高级中学	277477300@qq.com	
	活动设计【67】盲人一起走	张国娣	浙江省桐乡市凤鸣高级中学	31813832@qq.com	
	活动设计【68】盲哑人排队	林 燕	四川省隆昌县第一中学	109986775@qq.com	
	活动设计【69】能量传送带	郑 强	广东省东莞市虎门第四中学	4269597@qq.com	
	活动设计【70】一起坐人椅	杨海雁	浙江省温州市灵溪中学	565468821@qq.com	
	活动设计【71】啄木鸟行动	何晓梅	陕西省勉县第一中学	857223587@qq.com	
	活动设计【72】坐地与起身	何凤英	北京师范大学贵阳附中	534380847@qq.com	
第七章 人际交往类	活动设计【73】复制不走样	朱 娟	江苏省南京市育英第二外国语学校	394864178@qq.com	内蒙古通辽五中 高长瑜
	活动设计【74】词汇大接龙	郑 强	广东省东莞市虎门第四中学	4269597@qq.com	
	活动设计【75】盲人信任走	李 妮	安徽省合肥市第八中学	510094481@qq.com	
	活动设计【76】你是我朋友	吴 斌	江苏省宝应县画川高级中学	707916781@qq.com	
	活动设计【77】平地起高塔	王展宏	湖南省郴州市第二中学	77225381@qq.com	
	活动设计【78】倾听小练习	吴 斌	江苏省宝应县画川高级中学	707916781@qq.com	
	活动设计【79】新流言蜚语	喻永婷	陕西省西安市蓝田县城关中学	635575974@qq.com	
	活动设计【80】一路上有你	张秋君	广东省惠州市华罗庚中学	1633505996@qq.com	
	活动设计【81】勇于担责任	周 红	山东省荣成市第一中学	502598189@qq.com	
	活动设计【82】蒙眼走方阵	何晓梅	陕西省勉县第一中学	857223587@qq.com	

附录四 活动设计者一览表 295

续表

章节	活动名称	作者	工作单位	电子邮箱	校改
第八章 树立自信类	活动设计【83】超级比长短	喻永婷	陕西省西安市蓝田县城关中学	635575974@qq.com	内蒙古通辽五中 高长瑜
	活动设计【84】画朵自信花	徐婕	江苏省南京市第二十九中学	1216358583@qq.com	
	活动设计【85】请给我留言	彭慧玲	广东省佛山市实验中学	741202544@qq.com	
	活动设计【86】食指的力量	程景华	江苏省曹甸高级中学	7396062@qq.com	
	活动设计【87】收获大糖弹	何晓梅	陕西省勉县第一中学	857223587@qq.com	
	活动设计【88】穿越障碍线	喻永婷	陕西省西安市蓝田县城关中学	635575974@qq.com	
	活动设计【89】我的得意事	夏晓鸥	江苏省江阴市第一中学	405141723@qq.com	
	活动设计【90】优点大轰炸	王展宏	湖南省郴州市第二中学	77225381@qq.com	
第九章 学法探索类	活动设计【91】自信拍拍手	史芙蓉	贵州省贵阳市第三实验中学	739970315@qq.com	西安七十五中学 王海娟
	活动设计【92】换心大行动	周红	山东省荣成市第一中学	502598189@qq.com	
	活动设计【93】聚心又凝神	程景华	江苏省曹甸高级中学	7396062@qq.com	
	活动设计【94】考试大赢家	程景华	江苏省曹甸高级中学	7396062@qq.com	
	活动设计【95】考试再认知	朱娟	江苏省南京市育英第二外国语学校	394864178@qq.com	
	活动设计【96】提高记忆力	蔡晓存	广东省白石初中学	182007016@qq.com	
	活动设计【97】挑战记忆力	韩亚平	湖北省马房山中学	642963677@qq.com	
	活动设计【98】为自己掌舵	邵颖	广东省惠州市华罗庚中学	452745616@qq.com	
	活动设计【99】学习的风格	袁章奎	贵州省贵阳市第一中学	272951530@qq.com	

续表

章节	活动名称	作者	工作单位	电子邮箱	校改
第十章 生命意识类	活动设计【100】感谢有你们	路琨	山东省济南市平阴职教中心	1052996364@qq.com	西安七十五中学 王海娟
	活动设计【101】爱在手指间	耿娟	山东省莱州文峰中学	375632693@qq.com	
	活动设计【102】符号的旋律	赵景丽	山东省荣成市第一中学	14295822@qq.com	
	活动设计【103】生命玻璃杯	赵景丽	山东省荣成市第一中学	14295822@qq.com	
	活动设计【104】人生八宝箱	王玮香	广东省韶关市翁源中学	51673543@qq.com	
	活动设计【105】人生价值观	郑强	广东省东莞市虎门第四中学	4269597@qq.com	
	活动设计【106】重洗命运牌	王海娟	陕西省西安市第七十五中学	515500295@qq.com	
	活动设计【107】我的生命线	徐婕	江苏省南京市第二十九中学	1216358583@qq.com	
	活动设计【108】选择生存者	阳庆华	广西民族中等专业学校	463003987@qq.com	
第十一章 创新素养类	活动设计【109】百变回形针	翁星凯	福建省厦门理工学院附中	63605592@qq.com	山东德州跃华学校 张付山
	活动设计【110】比比看谁高	杜小玲	广东省惠州市龙门中学	56256874@qq.com	
	活动设计【111】穿越一张纸	黎秀清	广西壮族自治区百色市隆林中学	116906994@qq.com	
	活动设计【112】创意结绳网	吴玲玲	广东省汕头市聿怀中学	39225374@qq.com	
	活动设计【113】创意时装秀	史芙蓉	贵州省贵阳市第三实验中学	739970315@qq.com	
	活动设计【114】接力续图画	秦艳霄	西安交通大学附属中学	287312027@qq.com	
	活动设计【115】突破旧思维	汪海云	上海市浦东新区南汇中学	945074662@qq.com	
	活动设计【116】驿站传密信	谢妮丝	广东省东莞市第二高级中学	298077881@qq.com	

续表

章节	活动名称	作者	工作单位	电子邮箱	校改
第十二章 情绪管理类	活动设计【117】互诉面对面	李　静	贵州省清镇市第一中学	88218654@qq.com	北京师大贵阳附中
	活动设计【118】解压我有招	李水凤	广西壮族自治区恭城中学	562998261@qq.com	
	活动设计【119】冥想的力量	李　静	贵州省清镇市第一中学	88218654@qq.com	
	活动设计【120】羞愧的游戏	赵景丽	山东省荣成市第一中学	14295822@qq.com	
	活动设计【121】行动大比拼	王建华	贵州省盘县第二中学	10357788@qq.com	
	活动设计【122】学做"身"呼吸	秦艳霄	西安交通大学附属中学	287312027@qq.com	
	活动设计【123】增强幸福感	李仁强	广东汕尾市新城中学	252100302@qq.com	
	活动设计【124】突破心重围	史芙蓉	贵州省贵阳市第三实验中学	739970315@qq.com	
	活动设计【125】书本的重量	史芙蓉	贵州省贵阳市第三实验中学	739970315@qq.com	
第十三章 青春探索类	活动设计【126】玻璃大鱼缸	赵景丽	山东省荣成市第一中学	14295822@qq.com	上海静安教育学院 杨红梅
	活动设计【127】一起来约会	赵景丽	山东省荣成市第一中学	14295822@qq.com	
	活动设计【128】E网情也深	王玮香	广东省韶关市翁源中学	51673543@qq.com	
	活动设计【129】爱情心配方	李　妮	安徽省合肥市第八中学	510094481@qq.com	
	活动设计【130】七彩的自我	朱　娟	江苏省南京市育英第二外国语学校	394864178@qq.com	
	活动设计【131】我有我风采	张国娣	浙江省桐乡市凤鸣高级中学	31813832@qq.com	
	活动设计【132】勇闯地心岛	温　睿	江西省信丰县第二中学	34645912@qq.com	
	活动设计【133】男女障碍赛	邓公明	重庆市铜梁中学	45926304@qq.com	

续表

章节	活动名称	作者	工作单位	电子邮箱	校改
第十四章 生涯规划类	活动设计【134】穿他鞋跑步	王 艳	贵州省清镇市第一中学	120609233@qq.com	广西民族中等专业学校 蒙记清
	活动设计【135】给生命设限	袁章奎	贵州省贵阳市第一中学	272951530@qq.com	
	活动设计【136】拍掌定目标	何银娇	广东省东莞市石龙第三中学	254420480@qq.com	
	活动设计【137】巧妙穿针线	王玮香	广东省韶关市翁源中学	51673543@qq.com	
	活动设计【138】十年后的我	喻永婷	陕西省西安市蓝田县城关中学	635575974@qq.com	
	活动设计【139】时间规划师	张 燕	江苏省南京市第十三中学	20959245@qq.com	
	活动设计【140】五只毛毛虫	王 艳	贵州省清镇市第一中学	120609233@qq.com	
	活动设计【141】现代鲁宾逊	翁星凯	福建省厦门理工学院附属中学	63605592@qq.com	
	活动设计【142】前后十年我	蒙记清	广西民族中等专业学校	282177961@qq.com	